徐忠良注譯
黃俊郎校閱

新譯尹文子

三民書局印行

國立中央圖書館出版品預行編目資料

新譯尹文子／徐忠良注譯．--初版．--
臺北市：三民，民85
面；　公分．--(古籍今注新譯叢書)
ISBN 957-14-2218-5（精裝）
ISBN 957-14-2219-3（平裝）

1.尹文子-註釋

121.521　　84007320

© 新譯尹文子

注譯者　徐忠良
校閱者　黃俊郎
發行人　劉振强
著作財產權人　三民書局股份有限公司
　　　臺北市復興北路三八六號
發行所　三民書局股份有限公司
　　　地　址／臺北市復興北路三八六號
　　　郵　撥／〇〇九九九八－五號
印刷所　三民書局股份有限公司
門市部　復北店／臺北市復興北路三八六號
　　　重南店／臺北市重慶南路一段六十一號
初　版　中華民國八十五年一月
編　號　S 03102①
基本定價　肆元捌角
行政院新聞局登記證局版臺業字第〇二〇〇號

ISBN 957-14-2218-5（精裝）

刊印古籍今注新譯叢書緣起

劉振強

人類歷史發展，每至偏執一端，往而不返的關頭，總有一股新興的反本運動繼起，要求回顧過往的源頭，從中汲取新生的創造力量。孔子所謂的述而不作，溫故知新，以及西方文藝復興所強調的再生精神，都體現了創造源頭這股日新不竭的力量。古典之所以重要，古籍之所以不可不讀，正在這層尋本與啟示的意義上。處於現代世界而倡言讀古書，並不是迷信傳統，更不是故步自封；而是當我們愈懂得聆聽來自根源的聲音，我們就愈懂得如何向歷史追問，也就愈能夠清醒正對當世的苦厄。要擴大心量，冥契古今心靈，會通宇宙精神，不能不由學會讀古書這一層根本的工夫做起。

基於這樣的想法，本局自草創以來，即懷著注譯傳統重要典籍的理想，由第一部的四書做起，希望藉由文字障礙的掃除，幫助有心的讀者，打開禁錮於古老話語中的豐沛寶藏。我們工作的原則是「兼取諸家，直注明解」。一方面熔鑄眾說，擇善而從；一方面也力求明白可喻，達到學術普及化的要求。叢書自陸續出刊以來，頗受各界的喜愛，使我們得到很大的鼓勵，也有信心繼續推廣這項工作。隨著海峽兩岸的交流，我們注譯的成員，也由臺灣各大學的教授，擴及大陸各有專長的學者。陣容的充實，使我們有更多的資源，整理更多樣化的古籍。兼採經、史、子、集四部的要典，重拾對通才器識的重視，將是我們進一步工作的目標。

古籍的注譯，固然是一件繁難的工作，但其實也只是整個工作的開端而已，最後的完成與意義的賦予，全賴讀者的閱讀與自得自證。我們期望這項工作能有助於為世界文化的未來匯流，注入一股源頭活水；也希望各界博雅君子不吝指正，讓我們的步伐能夠更堅穩地走下去。

新譯尹文子　目次

導讀

壹、《尹文子》其書

一、總論

《尹文子》，戰國時齊國稷下學宮道家黃老學派學者尹文及其學派的語錄體著作，大抵是經過其弟子的整理而成編的。《尹文子》此書，《七略》、《漢書・藝文志》皆有著錄，作「名書一篇」，與今本作〈大道上〉、〈大道下〉二篇不合，而且，其所論與《莊子》、《荀子》、《韓非子》等書對尹文及其思想的評述相乖。自本世紀三十年代以來，因為學術界對齊國稷下學派研究的注重，尹文和《尹文子》也引起了許多學者的重視，有相當多數的學者指其書為偽作，但也有指其為真品的。至今，聚訟紛紜，沒有定論。我們在綜合考察了六十餘年來學術界的研究成果之後，認為今本《尹文子》大致上是偽作，但也有不少可信的材料，不可說是全偽。這部並不算長的古文獻，言嗇意豐，文簡理富，聚百家而治之，合萬流而一之，折衷群說，兼攬眾長，實為一部整齊博贍之書。劉勰《文心雕龍・諸子》謂：「辭約而精，尹文得其要。」《四庫全書總目提要》云：「讀其文者，取其博辨閎肆足矣。」均據今本立論。是一部探討研究稷下道家黃老學派及其學說的頗為重要的著作，應該把它從被全盤否定或幾乎全盤否定的地位上解救出來，重新認讀，重新研究，恢復它在先秦思想史上應占的一席之地。

二、《尹文子》的思想特色

今本《尹文子》一書，學者們指其為偽作的多，而系統地研究其思想內容的少。綜觀今本《尹文子》，雖然全書結構鬆散，章節與章節之間看上去往往不相銜接，而且還摻雜著儒、墨、名、法諸家學說，但系統地考察全書的思想內容，我們認為，今本《尹文子》

的道法形名學說自成一個思想體系，即稷下道家黃老學說的思想體系。

我們純就今本《尹文子》一書，考察其思想內容，認為有以下三方面的特點：

(一)以稷下道家為立足點，來闡發《老子》的學說

《尹文子》的這一特點很鮮明。首先，《尹文子》強調「道治」，如謂：「以大道治者，則名、法、儒、墨自廢，以名、法、儒、墨治者，則不得離道。」顯然把「道治」置於名、法、儒、墨之上。又說：「道不足以治則用法，法不足以治則用術，術不足以治則用權，權不足以治則用勢。」即明顯地把「道」作為治國的根本方法，尊崇老子的「無為而治」為至治，為治理國家的最高境界，而以法、術、權、勢為具體手段以補「道治」的不足。其次，引用並闡發《老子》學說，今本《尹文子》一共引述《老子》原文三處，分別出自《老子》第六十二章、第五十七章、第七十四章，而且還作了「因道全法」的發揮。再次，記錄了宋銒與稷下道家田駢、彭蒙等人討論人治和法治的政治言論：「田子讀書，曰：『堯時太平。』宋子曰：『聖人之治以致此乎？』彭蒙在側，越次答曰：『聖法之治以至此，非聖人之治也。』宋子曰：『聖人與聖法何以異？』彭蒙曰：『子之亂名甚矣！聖人者，

自己出也；聖法者，自理即「治」出也。理出於己，己非理也；己能出理，理非己也。故聖人之治，獨治者也；聖法之治，則無不治矣。此萬世之利，唯聖人能該之。』」這段議論的關鍵之點在於聖人之治與聖法之治的區別，而作者顯然是贊成聖法之治的。但這裡的「法治」應當是從屬於「道治」這一根本的治國方法的，它只是一種補充手段，是以道治而全法治。

㈡「正名」理論和「名為法用」

《尹文子》的最大特色是以稷下道家為立足點，有系統地闡發「正名」的形名學說和「名為法用」的政治思想。形名學說和「名為法用」的政治思想是稷下道家黃老學派所共有的，這在《管子》的〈心術上〉、〈白心〉、〈樞言〉諸篇中均可找到痕跡。但，相對而言，《尹文子》則更為集中和有系統。因此，班固把《尹文子》列為名家，也是有他的理由的。

《尹文子》開篇就提出了正名問題：「大道無形，稱器有名。名也者，正形者也。形正由名，則名不可差。故仲尼云：『必也正名乎？』『名不正，則言不順』也。」這裡的

「名不正則言不順」之言，其實質在於維護當時已大致確立了的封建等級制度的統治秩序，強調要糾正當時名形相背離的社會現象，因而又接著說道：「故亦有名以檢形，形以定名，名以定事，事以檢名。」又說：「今萬物具存，不以名正之則亂，萬名具列，不以形應之則乖。故形名者不可不正也。」注重名與形的相互對應和互相檢驗，名以檢形，形以定名，名以定事，事以檢名，就是這樣的意思。又進一步闡述「名」和「分」的區別，舉出「五色、五聲、五臭、五味」這四類自然之物為例，予以說明。它們自然生成，卻並非自願而且期待為人們所用，但「人必用之」，而且「終身各有好惡，而不能辨其名、分」。那麼，怎樣來辨別呢？「名宜屬彼，分宜屬我。我愛白而憎黑，韻商而舍徵，好羶而惡焦，嗜甘而逆苦」，「白、黑、商、徵、羶、焦、甘、苦，彼之名也；愛、憎、韻、舍、好、惡、嗜、逆，我之分也」。把白黑等自然屬性歸入「名」——客觀，而把愛憎等人的心理活動歸入「分」——主觀，是對正名理論進一步具體而微的闡述。

其次，《尹文子》的「正名」論，強調名為法用，具有鮮明的政治性質。如「正名分」，以法、術、權、勢相結合，加強封建君權。書中說道：「術者，人君之所密用，群下不可妄窺；勢者，制法之利器，群下不可妄為。人君有術，而使群下得窺，非術之奧者；有勢，使群下得為，非勢之重者。大要在乎先正名分，使不相侵雜。然後術可祕，勢可專。」這段話說得很明白，其關鍵在乎正名分，在於首先端正君臣上下的等級名分，然後才能使國家權力集中在至高無上的封建君主手中。可謂一言中矢，抓住了加強封建等級制度的根本問題。又如「名定分明」，使群下的貧富貴賤都操縱於君王之手，以維護封建等級制度。「名定，則物不競；分明，則私不行。物不競，非無心，由名定，故無所措其心；私不行，非無欲，由分明，故無所措其欲。然則，心、欲人人有之，而得同於無心、無欲者，制之有道也」。一旦事物的名分和所有權得到確定，人們就不會去競爭、去搶奪。那麼，怎麼去「制」人們的爭競之心之欲呢？作者認為應當運用「道」和「法」：「道行於世，則貧賤者不怨，富貴者不驕，愚弱者不懾，智勇者不陵，定於分也。」「法行於世，則貧賤者不敢怨富貴，富貴者不敢陵貧賤，愚弱者不敢冀智勇，智勇者不敢鄙愚弱，此法之不及道也。」綜合作者「道不足以治則用法」的觀點，「法治」自然是作為「道治」的補充而提出的，「道治」的作用在「定於分」，而「法治」的作用則在於不敢不「定於分」，但從其所論富貴貧賤等社會身分而言，「道治」和「法治」都要求正名定分，維護封建等級制度的秩序。怎麼去定群下的富貴貧賤呢？作者強調：「貧富皆由於君。」要由君王來操縱群下的富貴貧賤，富貴者，感念所得富貴為君王所賜，感恩戴德，忠心相報；貧賤者，希冀君王有朝一日亦能賜富貴於己，盡職守能，忠心耿耿。

又如：提出「全治而無闕」的社會學說，重視社會分工，維護社會秩序。謂：「天下萬事不可備能，責其備能於一人，則賢聖其猶病諸。設一人能備天下之事，能左右前後之宜，遠近遲疾之間，必有不兼者焉。苟有不兼，於治闕矣。全治而無闕者，大小多少，各當其分，農、商、工、仕不易其業，老農、長商、習工、舊仕，莫不存焉，則處上者何事哉？」如果社會事務大小多少各當其分，人盡其才，人盡其能，這樣，人君就能無為而治了，「則處上者何事哉？」提倡「有益於治」的言論，「有益於事」的行為，即君子「所言者，不出於名、法、權、術；所為者，不出於農稼、軍陣」。反對「有理而無益於治者」、「有能而無益於事者」、「不貴其獨治，貴其能與眾共治」、「不貴其獨巧，貴其能與眾共巧」，從而做到社會上「賢愚不相棄，能鄙不相遺」，這種群策群力的社會思想，無疑是有進步意義的。

㈢以稷下道家為本位，在百家爭鳴中融合諸家學說，貫而通之，構成自己的思想體系田齊都城臨淄的稷下學宮，是戰國時代一個極其重要的學術中心，是百家爭鳴的學術盛地。稷下道家「道、法、儒」融為一體的黃老學說，就是在這樣一種特定環境中的產物，而這種各家學說的交融，在《尹文子》中體現得更加鮮明。在尹文看來，仁、義、禮、樂、名、法、刑、賞，「凡此八者，五帝、三王治世之術也」，「無隱於人而常存於世」，是公開的治世之法，但這八種治國方法的綜合運用還必須在「道治」的主宰之下，「用得其道，則天下治；用失其道，則天下亂」，意味著融合儒、法、名、墨諸家的學說，也必須置於「道治」的主宰之下。只要「用得其道」，就可以兼收並用。尹文也強調禮、樂的教化作用，「聖王知民情之易動，故作樂以和之，制禮以節之」，用以維護封建等級制度，而這一點與儒家注重禮樂的作用是一致的，表明了尹文吸收儒家學說，挪為己用的事實。像這樣的文獻例證，在《尹文子》中可以找出許多來，這裡僅舉二例予以說明。

三、《尹文子》一書的真偽問題

今本《尹文子》的真偽問題，曾引起許多學者的注意，從清代的姚際恆，到近代乃至當代的胡適、郭沫若、唐鉞、羅根澤、胡家聰……他們均曾著文發表自己的研究報告。由於今本《尹文子》的真偽關係尹文研究以什麼資料為憑信的重大問題，我們亦須稍加留意，予以說明。

㈠歷代史志著錄考察

《漢書・藝文志》於名家類著錄《尹文子》一篇。班固自注：說齊宣王，先公孫龍。顏師古注引劉向語云：（尹文）與宋鈃俱游稷下。

《呂氏春秋・先識覽・正名》高誘注云：尹文，齊人，作《名書》一篇，在公孫龍前，公孫龍稱之。

《隋書・經籍志》名家類著錄《尹文子》二卷。小注云：尹文，周之處士，游齊稷下。

《舊唐書・經籍志》名家類著錄《尹文子》二卷，注云：尹文子撰。

《新唐書・藝文志》名家類著錄《尹文子》一卷。

《宋史・藝文志》名家類著錄《尹文子》一卷。

《文獻通考・經籍考》著錄《尹子》二卷，又引述《子略》、《容齋隨筆》諸書對《尹文子》的考辨文字。

《四庫全書總目》雜家類著錄《尹文子》一卷。《尹文子》由《漢書》、《呂氏春秋》著錄之一篇而為《隋書》、《舊唐書》著錄之二卷，大約是今本《尹文子》序所言黃初末年仲長氏之所為，其序有云：「余黃初末始到京師，繆熙伯以此書見示，意其玩之，而多脫誤，聊試條次，撰定為上下篇。」據此，二卷之說大概因其作上下篇而來。而《新唐書》以降，又均著錄為一卷，則又是後人合併而成的。《四庫全書總目提要》云：「此本亦題〈大道上〉、〈大道下〉，與序相符，而通為一卷，蓋後人所合併也。」

(二)今本《尹文子》出現於何時

一般說來，今本《尹文子》分〈大道上〉、〈大道下〉兩篇，與《漢書．藝文志》著錄之《尹文子》一篇、《呂氏春秋．先識覽．正名》高誘注之《名書》一篇，篇名既殊，篇數亦異，今本非舊制，大抵沒有疑義。但今本《尹文子》到底出現於何時？力主其書為偽作的唐鉞與羅根澤的觀點稍有不同。唐鉞以為乃陳隋時人偽托；而羅根澤則認為是魏晉時人偽作。

唐鉞在〈尹文和尹文子〉中引述了魏徵《群書治要》、馬總《意林》、楊倞《荀子・正論》注、洪邁《容齋續筆・卷一四》、黃震《黃氏日鈔・卷五五》等書的論述，以為唐宋人所見就是今本《尹文子》。而《文心雕龍・諸子》所說「辭約而精，尹文得其要」的評語，認為今本《尹文子》在善於鑑別的劉勰眼中，恐怕不能得到這樣的美稱。認為唐初到今日所流行的《尹文子》大約是陳隋間人的偽托。清人錢熙祚撰《守山閣叢書》本《尹文子》校勘記識語云：「唐人引《尹文子》多今本所無，反覆尋繹，疑脫簡並在下篇，惜割裂太甚，零章剩句，無可位置。」

羅根澤則在〈尹文子探源〉中說：「至書及序文成於何時，吾以為當在魏晉，而魏晉兩朝，又以在晉代之成分為多。」以為自漢武罷黜百家，獨崇詩書六藝，墨道名法，習者漸少，為「經學時代」；至魏晉，社會變而學風亦隨之轉變，由經學之反動，道德名法之學得以復生，是為「子學復活時代」；而宋、齊以降，則佛學興盛，為「佛學時代」。認為今本《尹文子》於兼儒墨、合名法道德之中，似獨崇道家，如謂：「以大道治者，則名、法、儒、墨自廢，以名、法、儒、墨治者，則不得離道。」「是道治者，謂之善人；藉名、法、儒、墨者，謂之不善人。」上與兩漢時代不合，下與宋齊以降不合，而惟與魏晉時代相合。「魏晉群學蔚起，需書孔亟，投機之士，應時偽書。此魏晉所以偽書叢出，而《尹文子》亦應運而生矣。然託言繆熙伯以此書見示，則似在繆熙伯卒後，故以在晉代之成分為多也」。

兩說相較，綜合歷代史志之著錄情況和今本仲長氏之序，似以羅說較為合理而有據。

(三)今本《尹文子》序文是否仲長統所作

今本《尹文子》卷首有山陽仲長氏所作之序，該序全文如次：

《尹文子》者，蓋出於周之尹氏。齊宣王時，居稷下，與宋鈃、彭蒙、田駢同學於公孫龍，公孫龍稱之。著書一篇，多所彌綸。《莊子》曰：「不累於物，不苟於人，不忮於眾。願天下之安寧以活於民命，人我之養畢足而止之，以此白心，見侮不辱，此其道也。」而劉向亦以其學本於黃老，大較刑名家也，近為誣矣。余黃初末始到京師，繆熙伯以此書見示，意甚玩之，而多脫誤，聊試條次，撰定為上下篇，亦未能究其詳也。山陽仲長氏撰。

關於這段序文的句讀，近人錢穆先生在《先秦諸子繫年》中認為，當作「與宋鈃、彭蒙、田駢同學，〔先〕於公孫龍」，脫一「先」字。古時宦、學並稱，稷下先生皆不治而議論，因其不仕而相謂為同學，並非求學受教之誼。錢說令人信服。

晁公武《郡齋讀書志》以為序文所云山陽仲長氏即仲長統，云：「李獻臣云：仲長氏，統也；熙伯，繆褆字也。」今考《後漢書・仲長統傳》和《三國志・魏志》的記載，仲長統，字公理，山陽高平人。卒於漢獻帝遜位的延康元年（西元二二〇年），而序文卻言魏文帝黃初末年（西元二二六年）始至京師，顯然扞格難通，仲長統是不可能為之作序的。這一點，馬總《意林》、宋濂《諸子辨》、姚際恆《古今偽書考》早就指其序為偽撰了。唐鉞亦詳加考證，認為撰序人假托山陽仲長氏，是故作狡獪，影射仲長統的。羅根澤〈尹文子探源〉則更進一步指出：「今按：若謂為仲長統作，則固為依託，然彼僅署仲長氏，未署仲長統，謂其故意依託仲長統，乃想然，而非必然。作者雖未必姓仲長，然亦未必不姓仲長。」並以為偽序與偽書同出一人之手，他說：「偽書者每自虛憍，恐人不信，由是或自撰序文，或託為他人序文，或倩其友朋為序文，以明其來有自。但又不肯完全埋沒自己，由是於序文中標出其參校編次之功。如偽《列子》有張湛序，稱《列子》各篇，乃其先君錄自外舅王氏藏書。顧至江南，僅存〈楊朱〉、〈說符〉、〈目錄〉三篇，後又在劉正輿家得四卷，王輔嗣婿趙季子家得六卷，湛『參校有無，始得全備』。其他偽書，有類此序文者，不必一一贅引。今《尹文子》序亦稱『余黃初末始到京師，繆熙伯以此書見示，意甚玩之』，此記書之來源也。記書之來源，其目的在告世人以此書可信。但止此則偽作之功全泯，由是續曰：而多脫誤，聊試條次，撰定為上下篇，以標舉自己之功。」將作偽者虛憍而又不甘埋沒自己的心態，大白於讀者面前。至於作偽者到底是誰？學術界至今仍無定說，即便有指其為某人的，也無堅強證據，難以憑信，羅根澤「作者雖未必姓仲長，然亦未必不姓仲長」之論，話雖說得玄虛，不著邊際，但的確道出了實情，即無法確定作偽者的事實。姑以俟來哲。

(四)關於今本《尹文子》真偽之爭的諸種說解

關於今本《尹文子》一書，歷代學者早就有指其序為偽托者，如馬總《意林》、宋濂《諸子辨》、姚際恆《古今偽書考》等，但系統地指證其書為偽作的，則是在近代，而以郭沫若、唐鉞、羅根澤等為代表。

郭沫若於一九四四年發表的〈宋鈃尹文遺著考〉、〈稷下黃老學批判〉二文，即指今本

《尹文子》為偽作，而繼劉節之後把《管子》中的〈內業〉、〈心術上〉、〈心術下〉、〈白心〉四篇指為宋鈃、尹文的遺著，認為研究宋尹思想，除了從《莊子》、《荀子》、《韓非子》、《呂氏春秋》諸書擷取資料而外，還應當充分注意《管子》中這四篇遺著。至於具體而微地指證《尹文子》為偽書的當推唐鉞和羅根澤二人。唐鉞〈尹文和尹文子〉一文，認為今本《尹文子》不僅序文為偽作，而且其書也來歷不明。分別從：引用古書而故意掩晦來源、用秦以後詞語、文體不像先秦的書、剿襲別書的大段文字、襲用古書而疏謬、一篇之中自相矛盾、書中有些話與尹文子的主張相反幾大方面提出十九條證據進行論證。羅根澤作〈「尹文子」探源〉一文，從：與古本不同、誤解尹文學說、論及尹文以後學說三大方面舉出十餘條證據，詳加考辨，論列今本《尹文子》之偽。

而胡家聰一九八四年發表在《文史哲》二期上的〈「尹文子」與稷下黃老學派——兼論「尹文子」並非偽書〉一文，則認為今本《尹文子》並非偽作，乃是信實之作，無可置疑。他在文中提出了三方面的可靠證據：「其一，有戰國時代的特徵。《尹文子》其書大約成書於戰國後期的稷下學宮，文中打著鮮明的戰國印記。」「其二，黃老思想的內容。其書中道法名形思想融為一體的稷下道家黃老學說，如前面所作的具體剖析，這種學說只能產生於當時稷下之學的特定歷史條件下，是特定環境中的產物。因此，離開了那種特定的歷史條件和環境，就是後人想偽造也是無法偽造出來的。」「其三，其書的流傳有序。」他在解釋《漢書·藝文志》將《尹文子》著錄於名家類，只一篇，而今本則分為〈大道上〉、〈大道下〉二篇的關係時說：「這出於什麼原因呢？此書今本前有『山陽仲長氏撰定』的序文，說得明白：尹文子『著書一篇……余黃初末始到京師，繆熙伯以此書見示，意甚玩之，而多脫誤，聊試條次，撰定為上下篇』。」認定是這位好事的仲長氏把它分成上下兩篇的。「如今我們認真研讀《尹文子》全書的思想內容，分作〈大道上〉、〈大道下〉實甚為牽強。這上下篇流傳下來，《隋書·經籍志》著錄即為二卷，到元代，《文獻通考》記錄亦為二卷，清代《四庫全書提要》謂：『此本亦題〈大道上〉、〈大道下〉，與序相符，而通為一卷，蓋後人所合併也。』由此可見，此書從漢晉隋唐以來始終在社會上流傳著。」

在學術界關於今本《尹文子》真偽爭論中，指其為偽作的，其聲也震震，其勢也滔滔，而真品之說，相對而言，則有勢單力孤之感。綜觀胡家聰所論列三條證據，亦有靠不住之處，而且對於偽作之說的二十餘條疑問也不能一一冰消雪融。當然，其中亦有頗可取信的證據。

(五)我們的看法

關於今本《尹文子》真偽問題的看法，我們在開頭就已經說到了。我們認為，今本《尹文子》基本上屬偽作，唐鉞、羅根澤諸先生羅列出來的二十幾條疑問，有相當多數的確都是問題，在這些疑問得到全面的解釋之前，要指證其為真品，是難以令人置信的。現在，學術界的這一爭論仍然存在，還沒有完全取得共識。至於郭沫若等人提出的《管子》中的〈內業〉、〈白心〉、〈心術上〉、〈心術下〉四篇為宋鈃、尹文遺著的看法，亦有爭議，而且即使這四篇的確是宋尹的遺著，那麼，哪些思想、哪些話是宋鈃的？哪些是尹文的呢？郭氏並沒有細加分別。

綜合各方面的看法、觀點，我們認為今本《尹文子》的真偽問題尚待作深入的探討研究，就目前來說，今本《尹文子》大致上屬於偽作，但不可說是全偽，其中有不少可信的材料。總還是研究尹文及其思想的重要研究資料，也總是探討研究稷下道家黃老學派及其學說的重要著作。在先秦思想史上亦有其一席之地。

貳、尹文其人

一、尹文的生平事跡

尹文，戰國時齊國人，為當時田齊稷下學宮的著名學者之一，據唐鉞考證，其生卒年大約為西元前三六二～前二九三年，享年六十九歲。根據《七略》、《漢書・藝文志》和《荀子》、《莊子》、《韓非子》、《呂氏春秋》等書的記載以及對今本《尹文子》內容的考察，尹文與當時的著名學者宋鈃、彭蒙、田駢諸人同時，而先於公孫龍。《漢書・藝文志》於名家下著錄：《尹文子》一篇，班固自注：「說齊宣王，先公孫龍。」唐顏師古注引劉向語云：「與宋鈃俱游稷下。」據近人研究，宋鈃是齊威王五年（約西元前三五一年）前後來到稷下學宮的，在稷下學者中，屬於年長者。在《孟子》書中，孟軻稱之為「先生」，而自稱為「軻」。如《孟子・告子下》：「宋牼（即宋鈃，牼、鈃同音）將之楚。孟子遇於石丘，曰：『先生將何之？』曰：『吾聞秦楚構兵，我將見楚王說而罷之。楚王不悅，我將見秦王說而罷之。二王我將有所遇焉。』曰：『軻也請無問其詳，願聞其指，說之將何如？』曰：『我將言其不利也。』」據郭沫若《青銅時代》、張秉楠《稷下鉤沈》的考證，尹文大約是齊威王晚年來到稷下，並就學於宋鈃的，是為宋鈃的弟子，因而有學者指其為宋鈃的高足之說，也有一些研究者以為與宋鈃同輩而資歷略淺的。此後，尹文便一直待在稷下，成為稷下的著名學者之一。因而史書有「與宋鈃俱游稷下」之說，並因其學說與宋鈃相沿而又有「宋尹學派」之稱。其主要活動在齊宣王、湣王時期。

既然尹文的生平事跡、主要活動與齊國的稷下學宮有那麼密切的關係，那麼，稷下學宮是怎麼回事呢？

我們現在所瞭解的稷下之學的情況，基本上得力於漢朝人的注重。漢代學者司馬遷的《史記》，桓寬的《鹽鐵論》，劉向的《新序》、《別錄》，應劭的《風俗通》，徐幹的《中論》，以及記錄鄭玄師生問答的《鄭志》，都為我們提供了許多寶貴資料或線索，兼之現代的考古發掘手段，使我們對稷下學有了更為清晰的認識。

稷下，又作「棘下」（稷、棘二字古通），因為齊國都城臨淄城稷門而得名。據《史記·齊太公世家》記載，臨淄自西元前九世紀五十年代齊國第七位君主齊獻公由薄姑遷都於此，經春秋戰國而至西元前二二一年秦始皇滅齊為止，臨淄作為姜齊、田齊的國都達六百三十餘年之久，是我國歷史上規模最大、歷史最悠久的早期都市之一。在戰國時期，田氏齊國政府在臨淄城稷門外設置學宮講堂，招攬天下賢士來此講學，「不治而議論」，故稱之為「稷下之學」，名其館為「稷下學宮」。在這裡講學的人，齊人皆謂之棘下生（稷下先生）。關於稷門的具體位置，一般均沿用漢代學者劉向《別錄》城西門的說法（見《太平寰宇記．卷一八》引）。因為西門瀕臨糸水，附近有申池，符合學宮古制，而且此地學宮遺址，又能得到《齊地記》的證實。

稷下之學，自齊桓公田午始興，歷威、宣、湣、襄，前後五世，垂及王建，終齊之亡，有逾百年之外，中經幾度榮衰，但齊宣王時無疑是它的鼎盛期，稷下先生最多時達千人，有史可考的著名學者，就有十九位，如淳于髡、彭蒙、宋鈃、尹文、兒說、告子、孟軻、季真、接予、田駢、慎到、環淵、王斗、荀況、田巴、徐劫、魯仲連、鄒衍、鄒奭。尹文也是其中的一位，而且他到稷下的時間是比較早的。這些人分屬不同的門派，有道家、儒家、名家、法家、陰陽家。大抵戰國時代各家各派都在這裡留下了印記。由於他們的學說主張不同，常相聚一堂，互相辯論：攜徒屬而演道術，窮事理而致詰難。而其發展趨勢大體是隨著政治形勢的需要，由黃老而轉入名法。因此，稷下之學，前期（桓公～宣王）以道家黃老學說為主體，後期（湣王～王建）以名法思想為時尚。而尹文正處在稷下之學鼎盛的宣王時期，這一點，無論是史書的記載，還是今本《尹文子》的思想內容都反映著這一歷史事實，而且今本《尹文子》還體現出尹文的思想正是以道治為宗，兼採名法的稷下學術思想演變過程。

尹文從宣王到湣王時期均在稷下講學。《說苑・君道》記載著齊宣王與尹文問對的事，尹文答宣王說：「人君之事，無為而能容下，夫事寡易從，法省易因，故民不以政獲罪也。大道容眾，大德容下，聖人寡為而天下理矣。」這種「無為而治」或「寡為而治」的思想顯然是以黃老思想為立足點，也是與今本《尹文子》中的學說相一致的。《呂氏春秋・正名》記載著齊湣王與尹文「論士」的故事。這篇長文反映出尹文講究形名，善於辯說的特點。《呂氏春秋・正名》還記載了尹文的事跡：「論（指尹文之論）皆若此。故國殘身危，走而之穀（高誘注：穀，齊邑。今山東東阿）。」這裡所說的「國殘身危」，「國殘」是指齊湣王末年（約西元前二八四年）燕國將軍樂毅率燕、秦、趙、魏、韓五國之兵攻齊，大敗齊軍，占領齊都城臨淄，湣王出逃至莒，被楚將淖齒殺死，君亡國破事；「身危」則指燕軍進攻臨淄，包括尹文在內的稷下先生們四散逃奔，尹文先至穀，後到衛國。五年之後，湣王之子襄王才從莒回到已收復的臨淄執政，而稷下之學也隨之恢復。但此時尹文是否也回到了稷下，繼續講學呢？到目前，尚沒有明確的研究結論。

總之，尹文是齊稷下學派中一位早期的著名學者，可能是宋鈃的高足，講究形名之辨，善於辯說。有些學者認為他大約是齊威王晚年到臨淄的，這樣，他在臨淄起碼歷三代君王：威王、宣王、湣王，還經歷了齊國的大變故，國殘身危。

二、尹文的思想

學者研究尹文思想，大體上從《莊子・天下》，《管子》中的〈內業〉、〈白心〉、〈心術上〉、〈心術下〉諸篇等入手，較少從今本《尹文子》汲取資料。其實，今本《尹文子》雖出現於魏晉時代，且有後人加工整理篡亂的痕跡，但不可說是全偽，如果剔除其中的羼入語，仍不失為研究尹文思想的重要資料。通觀全書，道法形名學說自成體系，而這一點正是稷下學由黃老學說向名法學說轉折的演進時期的鮮明特徵，與尹文在稷下的活動時期相吻合。

㈠尹文的政治思想

依據上述兩方面的資料，尹文的政治思想的基本內容可條析為三：

⑴肯定當時君臣上下之間的等級關係，要求端正名分，穩定其統治秩序。認為君與臣、賢與不肖之間應有上下等級的差異，如：「使國悉賢，孰處王下？」「國悉不肖，孰理王朝？」「有賢有不肖，故王尊於上，臣卑於下，進賢退不肖，所以有上下也。」尹文不但肯定這種君臣上下的差等關係，而且還把它和「以名稽實」的名實觀聯繫在一起，而這種名實觀又反過來以維護君臣上下的差等為宗旨。如，尹文與齊湣王關於「士」的一段問答（見《公孫龍子・跡府》、《呂氏春秋・先識覽・正名》、《孔叢子・論勢》），就反映出尹文對「士」的標準和君臣上下的等級差別的看法。

今本《尹文子》最鮮明的特色是作者立足於道家黃老學說，系統地闡發了「正名」的形名學說和「名為法用」的政治思想。雖然，這一點也是當時稷下黃老學派的共性，但《尹文子》則更加鮮明、集中和系統化。這些具體內容，我們已經在第一部分「尹文子其書」中作了闡述。

(2)君王要治好國家，必須在維護等級制度的前提下，使臣下百姓的貧富皆出於君王之手，做到賞善罰惡、賞罰得當的境界。尹文曾說：「人富則不羨爵祿，貧則不畏刑罰。」又說：「民富則不可以祿使也，貧則不可以罰威也。」要「予之在君，奪之在君，貧之在君，富之在君」。《公孫龍子・跡府》還記載著尹文指責齊王治國「賞罰是非，相與四謬」的一段對話，批評齊王「人有非則非之，無非亦非之；有功則賞之，無功亦賞之」的混亂局面，並提出克服這種相與四謬的情況的治國方略，賞罰是非，各當其分，所謂「慶賞刑罰，君事也；守職效能，臣業也。君料功黜陟，故有慶賞刑罰；臣各慎所務，故有守職效能」。對君王來說，是以慶賞刑罰為手段來理治其國；對臣下來說，則是趨賞避罰，守職效能。

而這套賞罰分明之法，還有待於道、法的實行。尹文曾說：「道行於世，則貧賤者不怨，富貴者不驕，愚弱者不慴，智勇者不陵，定於分也。」又說：「法行於世，則貧賤者不敢怨富貴，富貴者不敢陵貧賤，愚弱者不敢冀智勇，智勇者不敢鄙愚弱。」一旦名定分明，就能物不競，私不行，他說：「名定，則物不競；分明，則私不行。物不競，非無心，由名定，故無所措其心；私不行，非無欲，由分明，故無所措其欲。」

(3)尹文把出現和平寧靜的政治環境，使人人衣豐食足，生活安定作為政治理想。《莊子・天下》有一段描述宋尹學派的名言，歷代研究宋鈃、尹文及其學派的學者常常稱引的，「不累於俗，不飾於物，不苟於人，不忮於眾，願天下之安寧以活民命，人我之養畢足而止」。他們為了實現這樣的政治理想，大力鼓吹「見侮不辱，救民之鬥，禁攻寢兵，救世之戰」的理論。尹文進一步補充以道、法、術、勢，他說：「道不足以治則用法，法不足以治則用術，術不足以治則用權，權不足以治則用勢；勢用則反權，權用則反術，術用則反法，法用則反道，道用則無為而自治。」這裡，法、術、權、勢是實現道治的手段，而「道用」則是運用法、術、權、勢的最後歸依。由道用而達到無為而治，由無為而治而達到「願天下之安寧以活民命，人我之養畢足而止」的社會理想，是尹文政治理想的三大步驟。

(二)尹文的哲學思想

關於尹文哲學思想的研究資料很少。從《莊子・天下》來看，宋鈃、尹文主張「不累於俗，不飾於物」，即謂不為世俗所牽累，不為眾物所矯飾，似隱含有超脫世俗的傾向，然而他們又「不忮於眾」，亦即不違逆眾人的意旨，又似具有順世隨俗的傾向。《尹文子・

大道上》說：「世之所貴，同而貴之，謂之俗，世之所用，同而用之，謂之物。苟違於人，俗所不與；苟忮於眾，俗所共去。」這兩種或超塵脫俗，或順俗隨世的思想傾向，從表面上看來是無法並存，互相矛盾的，但考察尹文的其他言行，他較堅持後一種傾向，與世俗自然相處，隨遇而安。《莊子．天下》說宋鈃尹文「接萬物以別宥為始，語心之容，命之曰心之行」，表明尹文在認識論上也是強調自然主義的，即按照事物的本來面目去認識事物，把主體的「心」和客體的「物」自然連接起來構成認識，而其中不摻雜任何外來的成分，這又與《呂氏春秋．去宥》「凡人必別宥然後知，別宥則能全其天矣」的記載相吻合，表明尹文的主體之「心」是依「天」而然的，這一點所表現的哲學思想，是接近於天然自然的道家思想的。

關於形名關係，尹文的觀點有些含混折衷。他在《尹文子．大道上》說：「名者，名形者也；形者，應名者也。然形非正名也，名非正形也，則形之與名居然別矣。不可相亂，亦不可相無。」但在現實生活中，他又明確要求以名稽實，他引述仲尼語曰「必也正名乎！……名不正則言不順」也，並由此而申述云「大要在乎正名分」，「失者由名，分混；得者由名，分察」，「定此名分，則萬事不亂也」。由此可見，以名稽實又是尹文哲學思想中重要的一環。這種以名實關係來矯治社會現實的思想體現在今本《尹文子》的許多章節之間，隨手可得。

尹文在哲學思想方面表現的這種含混雜亂現象，正體現出戰國中後期稷下學各派學說互相爭競，百家之學相互交融、揉合的趨勢和發展的歷史軌跡。

三、尹文的學派性質

最早明確地確認尹文的學派性質的當推東漢的班固，他的《漢書・藝文志》把尹文列入名家。這可能是由於尹文的思想主張雖然大體上和宋鈃相同，源出黃老道學，但其形名之學較宋鈃為顯著的緣故吧！其後，《隋書・經籍志》、《舊唐書・經籍志》、《新唐書・藝文志》、《宋史・藝文志》皆將其歸入名家者流。到了現代，隨著稷下學研究熱的興起，尹文的學派歸屬引起了學者的關注，提出了一些與班固不同的看法，如郭沫若在其名著《十批判書》中把宋鈃、尹文列入稷下道家的三派之一，並在〈宋鈃尹文遺著考〉、〈稷下黃老學批判〉二文中闡述了自己的這一觀點。郭氏的這一看法得到了《中國思想史》的作者侯外廬先生的支持。此外，著名哲學史家馮友蘭先生也在一九五九年《哲學研究》四期上撰文，把宋鈃、尹文列為先秦道家三派之一，其說與郭說大致相同，進入八十年代，李錦全在《中國哲學史研究集刊》第一輯上撰文，稱宋尹思想為調合「儒法」的產物，「是以道家為基調，又折衷於各家的調合派」。有的學者則乾脆簡單地名之為「雜家」。也有稱之為「法理大家」者。

關於尹文思想的學派性質的諸說爭鳴，首先是基於尹文思想學說本身的複雜和對尹文研究資料的不同認識上，譬如《管子》中〈內業〉、〈白心〉、〈心術上〉、〈心術下〉四篇究竟是否宋鈃尹文的遺著。其中哪些是宋鈃的思想？哪些是尹文的思想？單以力主此四篇為宋尹遺著之說的郭沫若來說，於宋鈃、尹文思想的區分上，也只是籠而統之，不細加區別。雖然宋鈃與尹文在許多基本問題上觀點一致，但尹文畢竟稍晚於宋鈃，他的思想畢竟有不同於宋鈃之處。而且還涉及今本《尹文子》是否偽作的甄別考證的問題。因此，以往對尹文學派性質的認識有相當大的模糊性。即使是根據學者們普遍認為可靠的《莊子·天下》、《公孫龍子》、《呂氏春秋》等的有關記載，尹文的思想也確實駁雜，既有道、名思想，又有儒、法觀念。我們認為對尹文學派性質的確定，應當建立在對尹文思想的深入研究的基礎之上，把尹文放在戰國中後期稷下學宮這樣一個特定的百家爭鳴的時代環境之中，弄清他與宋銒、公孫龍等人的關係，搞清他與儒、道的關係。尹文的生活時代要早於孟子和公孫龍，更早於韓非，亦即早於使自孔夫子以來的儒學成為儒家者流的代表人物孟子和名家者流的代表人物公孫龍、法家者流的代表人物韓非，他在稷下的活動時代正處於稷下學由前期（桓公～宣王）向後期（湣王～王建）轉折的時期，所以，他的思想無可避免地接受了前期的黃老道家學說，也體現出由黃老道家學說向名法思想的演進趨勢，也是符合先秦學術思想的發展主流的。從這個意義上說尹文的學派屬性為雜家和調合派，是有一定道理的。但他調合的並不是儒、法。如果說他是調合派，他也不是隨便地把任何一種思想都拿來調合折衷的。很明顯，他是以黃老道家思想為基點，並擷取當時剛剛出現的名法思想，融會而貫穿成自己的思想體糸的。因此，從嚴格意義上說，尹文是自成一家、自成一派的。無論說他是名家、道家的三派之一，或者說是雜家、調合派，都有失之偏頗之嫌。至於到底是什麼派，我們認為目前還不能下結論，還有待於對尹文和《尹文子》及先秦思想的深入研究。

四、尹文與名、墨、法、道諸家的關係

既然尹文的思想擷取了那麼多家思想的內容，融成自己的思想體系，那麼，尹文與名、墨、法、道諸家的關係究竟怎樣呢？尹文與這些學派的關係問題是尹文研究中的一個重要課題，曾引起許多學者的注意。關於這個問題，我們雖然在前面已經表述了自己的看法，但前哲們的觀點仍有值得參酌稽考的價值。唐鉞發表於一九二七年的〈尹文和尹文子〉一文即對這些問題展開了討論。他說：「《前漢書・藝文志》把『《尹文子》一篇』歸入名家裡頭。《集聖賢群輔錄》認宋鈃和尹文為三墨的一支，是以尹文為墨者。到了近代，陳澧認尹文是名家而兼法家；胡適也多少採取這說，稱『尹文是中國古代法理大家』。」

㈠與墨家的關係

主張尹文歸屬或近於墨家的，在晉代有托名陶潛的《集聖賢群輔錄》、清代有陳澧《東塾讀書記》、現代有胡適《中國哲學史大綱》和蔡德貴〈宋鈃尹文為墨家一派〉一文（見《東嶽論叢》一九八二年五期）。據唐鉞先生考證，先秦載籍沒有尹文歸屬或近於墨家的記載。陳澧、胡適、蔡德貴諸人之說大約本於與尹文思想相近的宋鈃思想接近墨者的成分。《荀子・非十二子》說：「不知壹天下建國家之權稱，上功用，大儉約，而僈差等，曾不足以容辨異，縣君臣，然而其持之有故，其言之成理，足以欺惑愚眾，是墨翟宋鈃也。」似乎認宋鈃為墨者之流，或墨者的一支。但《荀子・解蔽》又云：「墨子蔽於用而不知文，宋子蔽於欲而不知得，慎子蔽於法而不知賢，申子蔽於勢而不知知，惠子蔽於辭而不知實，莊子蔽於天而不知人。」是又把宋鈃看作自成一家，而與墨子、慎子、申子、惠子、莊子相抗衡的門派。此外，《韓非子・顯學》又云：「自墨子之死也，有相里氏之墨，有相夫氏之墨，有鄧陵氏之墨。」如果宋鈃真是墨者，而他的學說又有異彩，那麼韓非似乎也應該把它加入三墨之內，或另列為四墨的。我們並不能簡單地因為宋鈃與墨者在某些觀點上共通就認定他們是同一學派或歸屬於這一學派。因此不能說尹文就是墨者之流。而尹文既不見莊、荀、韓諸家關於與墨者相關的記載，而且被學者們普遍認為是尹文的可靠研究資料中也找不出系統地接近墨者的根據。尹文之不屬墨者，明矣。

㈡與名、道、法家的關係

班固《漢書・藝文志》把《尹文子》一篇列入名家，但這並不能證明尹文和惠施、公孫龍即為一家。《漢書・藝文志》分家，不是根據那個人的根本學說，而是根據當時所傳著作的內容的要點來劃分的。我們根據歷代史書對《尹文子》一書流傳的著錄，知道班固作《漢書・藝文志》時依據了西漢劉向、劉歆父子的《七略》、《別錄》的著錄，而那時的《尹文子》，總共才一篇，篇名亦與今本不同，作《名書》，是為學者所稱古本。大約古本《尹文子》大都述說名理思想而被歸入名家者流的。《文心雕龍》、《隋志》、《唐志》等，皆沿襲《漢書・藝文志》成說而已。不過，尹文與公孫龍倒是有關係可以考述的。班固的《漢書・藝文志》不僅把他們兩人同列名家，還特別注明尹文「先公孫龍」，而《公孫龍子・跡府》又記公孫龍於言談中大段地複述尹文與齊王的長篇對話，大概對尹文的事跡和思想內容是頗為瞭解而且敬重的。

關於尹文和道家的關係，唐鉞先生在文中說得很明白。這裡我們引述唐先生的話就可以了。他說：「《說苑》述尹文說『君道』有『大道容眾，大德容下，聖人寡為而天下理矣』的話。但這至多也不過一節和道家相似。並且《說苑》往往以道家思想羼入別人的口中，〈敬慎〉所錄尤是這樣（這大約由於西漢黃老盛行的緣故），所以這是否尹文的話還很難說。《漢書・藝文志》因荀子說宋子明人情欲寡不欲多及『見侮不辱』，就說他的話有『黃老意』。然而也不過他稍含道家之意而已，不說他就是道家。並且《荀子》明說宋子和老子各自一家，可見宋鈃不是道家。由這種種理由，可以斷尹文也不是道家。」但現在一般都認為尹文為稷下道家黃老學派的學者。

關於尹文與法家的關係，唐鉞先生也有一段考述，他說：「據我所注意到的，比較古些的書並沒有尹文和法家有關的痕跡。」然後，唐先生從《周氏涉筆》、《容齋續筆》、黃叔琳《文心雕龍．諸子》注以及《玉函山房輯佚書》諸書載錄的考辨，認為尹文並不是法家，當然也不是法理大家。認為尹文是否兼法家，要看《尹文子》的內容。

我們以為尹文與名、墨、法、道諸家的關係問題，應當先進行今本《尹文子》的真偽和尹文思想、事跡的深入研究，而不能根據今本《尹文子》和相關書、篇中記載的某一句話、某一些言論與名、墨、法、道諸家思想相類相近而定其為某家某派。我們認為尹文的學派歸屬、學派性質，還有待於對尹文的深入研究。

參、《尹文子》輯佚說明

《尹文子》的佚文，我們根據《意林》、《藝文類聚》、《太平御覽》、《群書治要》、《史記・屈原列傳》索隱引、《詩・汾沮洳》疏、《昭明文選・博弈論》注、《昭明文選・策秀才文》注、《昭明文選・勸進表》注、《昭明文選・東京賦》注、《後漢書・馮衍傳》注、《北堂書鈔》諸書輯佚，共計十七則。

肆、《尹文子》譯注說明

今譯注《尹文子》，選用《四部備要》本（中華書局據《守山閣叢書》本校印）為底本，參校《諸子彙函》、《稷下鉤沈》諸本，並儘可能吸收前哲時賢的研究成果。

徐忠良

一九九五年六月

大道上（ㄉㄚˋ ㄉㄠˋ ㄕㄤˋ）

【題解】

〈大道上〉是《尹文子》全書二篇之一，約占全書三分之二的分量，共分四十四章。是反映作者政治思想、哲學思想的重要資料，對於研究尹文和《尹文子》，以及先秦哲學、學術思想史、稷下學派的研究，頗具價值。從嚴格意義來說，上篇與下篇的文體格式相同，皆為語錄體，雖然前後章節並不一定有必然的思想連貫性，各自獨立，但上下二篇在反映作者的思想方面倒是上下映襯、前後呼應的。因此，這上下篇的劃分，的確有些牽強。

〈大道上〉反映尹文的思想較具系統。其中最重要的，如關於形名關係、法理觀念、社會理想、政治主張、治國方略以及君上和臣下的等級名分等等，都有極為精彩而深刻的論述。如開篇的「大道無形，稱器有名。名也者，正形者也。形正由名，則名不可差」，以及「有形者必有名，有名者未必有形。形而不名，未必失其方圓白黑之實；名而不形，不可不尋名以檢其差。故亦有名以檢形，形以定名，名以定事，事以檢名」，對於形名關係的哲學思考，發人深省。又如「道不足以治則用法，法不足以治則用術，術不足以治則用權，權不足以治則用勢。勢用則反權，權用則反術，術用則反法，法用則反道，道用則無為而自治」之論，則反映出作者關於道治和運用法術權勢以補不足的治國方略等等。這樣的名言警句，我們在〈大道上〉篇中可以舉出許多來。還是請大家自己去看，自己去尋找，這樣會更有趣味，更有意思。因為那是自己發現的，自己找到的，就會有一種成就感。

大道❶無形❷，稱器❸有名❹。名也者，正形者也。形正由名，則名不可差❺。故仲尼❻云：「必也正名乎❼！」「名不正，則言不順❽」也。

【章　旨】

首先闡發道與器、名與形的關係。指出在認識瞭解事物的過程中，對「名」不可不重視的道理。

【注　釋】

❶道　與「器」相對。是指沒有具體形態的，卻又是無處不在，無時不在，有規律可循的哲學範疇。「道」與「器」的關係，即抽象道理與具體事物之間的關係。

❷形　與「名」相對。是指具體、實在的形態。包括具體事物的形態、具體事件、具體活動的經過等。

❸器　是指有具體的形態可以描述、辨識的具體事物。

❹名　與具體事物的形態、具體事件、具體活動的經過等相符合的名稱、名號。

❺差　差錯。

❻仲尼　孔子（西元前五五一～前四七九年）之字，名丘。春秋時魯國人。

❼必也正名乎　語出《論語・子路》。意謂要糾正在等級名分上用詞的偏差和錯誤。

❽名不正二句　語出《論語・子路》。

【語譯】

大道是沒有具體的形態可以描述、辨識的，而具體的事物是有具體、明確的名稱用來稱呼、辨識的。名稱是用來描述具體事物的形態的。由於具體事物的形態是由具體、明確的名稱來加以描述的，因而對具體、明確的名稱的確定是不可以有所差錯的。所以孔子說：「一定要糾正等級名分上用詞的差錯。」「如果在等級名分上用詞不正確，那麼講起話來就不可能順理成章了」。

大道不稱❶，眾有❷必名。生於不稱❸，則群形自得其方圓❹，名生於方圓，則眾名得其所稱❺也。

【章旨】

指出事物的形態是自具方圓，各具面目的，給事物的定名只有依據其或方或圓的外形特徵，才能名實相符，得其所稱。

【注釋】

❶不稱　即無名。稱，稱量；描述。

❷眾有　指世間萬事萬物。與「道」相對應，是一般性質的事物，與「器」相類。

❸生於不稱　指「名」而言。謂「名」產生於不稱之大道。

❹方圓　指具體事物的外形特徵。由於不同的事物有不同的外形特徵，不能一一列舉，所以用「方圓」來指代。

❺稱　符合；合適。謂「名」如果按具體事物不同的外形特徵來命定，那麼世間的萬事萬物就

具有與它的實際性質相符合的名稱了。

【語譯】

大道是沒有具體的形態的，是不可以進行稱量、描述的，而一般性的事物則必定要有具體明確的名稱。「名」產生於不能稱量、描述的大道，那麼那些一般性的事物的自身形態就會具有或方或圓的外形特徵；如果「名」的命定、產生是基於事物自身或方或圓的外形特徵的話，那麼它們的「名」就能與它們自身的實際性質相符合、相一致。

以大道治者，則名、法、儒、墨❶自廢，以名、法、儒、墨治者，則不得離道。老子❷曰：「道者，萬物之奧，善人之寶，不善人之所保❸。」是道治者，謂之善人；藉❹名、法、儒、墨者，謂之不善人。善人之與不善人，名分❺日離，不待審察❻而得也。

【章　旨】

闡述治理國家的方法。強調治國以道，不要妄以名、法、儒、墨諸家學說為憑藉來治理國家。

【注　釋】

❶名法儒墨　指名家、法家、儒家、墨家。

❷老子　姓李名耳，字伯陽，諡曰聃，又稱老聃。春秋時楚國苦縣人。

❸道者四句　語出《老子・第六十二章》。奧，深藏。長沙馬王堆三號漢墓出土的《老子》帛書作「主」。謂「道」是萬物的主宰。善人，好人。此指有道德的高明的人。不善人，即惡人。指缺乏道德修養而又不明智的人。保，依恃；憑藉。保，本作「寶」。依《老子》校改。

❹藉　依賴；依靠。

❺名分　名位及其應守的職分。

❻審察　仔細考察。

【語譯】

如果運用大道實現了長治久安的治國目標，那麼那些名家、法家、儒家、墨家和他們的學說就會自行廢棄；假如依靠、憑藉名家、法家、儒家、墨家的學說、理論來治理國家，那麼不僅達不到長治久安的治國目標，而且背離「道」的要求也會越來越遠。老子說：「道是萬物庇蔭深藏的地方，是善人的法寶，也是不善人所要依靠的。」憑藉這種道來治理國家的人，稱之為善人；依賴那些名家、法家、儒家、墨家的學說來治理國家的人，稱之為不善人。善人與不善人的區別很明顯，而且他們之間的距離在一天天地拉大，這是完全不必經過細心的考察就可以得出的結論。

道❶不足以治則用法❷，法不足以治則用術❸，術不足以治則用

權❹，權不足以治則用勢❺。勢用則反權❻，權用則反術，術用則反法，法用則反道，道用則無為而自治❼。故窮❽則徼❾終，徼中則反始，始終相襲❿，無窮極⓫也。

【章旨】

論述治理國家的方法、步驟，要以道為基礎，再依次運用法、術、權、勢等措施，自始至終，終而復始，循環往復，而達到「無為而治」的治國目標。

【注釋】

❶道　此為道家之道。指「無為而治」。此「道」與本章連環句最後之「道」義同而層面不同。即由首句之「道」無為而治為出發點，經過一番循環而臻於新的「道」無為而治的層面。意謂倘依舊時治國方法，不加變革，無為而治，不能達到治國目標，則須依次運用法、術、權、

勢，往復迴環至於道，即可臻於新的無為而治，達到治國的目標。

❷法　法律；法令。

❸術　君王統馭臣下、百姓的手段和策略等。

❹權　通權達變。指根據情況的變化，對統馭臣下、百姓的措施、方法等進行修正和調整。

❺勢　君王的權勢和地位。

❻勢用則反權　已經運用了「勢」，就應當回過來再運用權。勢用，即勢既用。已運用了勢。

❼無為而自治　是道家學派創始人老子提出的主要觀點。指順其自然，不加任何人為的外力推動，不求有所作為而有所為，達到治理國家的目的。

❽窮　困頓、阻礙不暢；找不到出路。

❾徼　通「邀」。尋求。

❿襲　承接。

⓫窮極　終結；窮盡。極，盡頭。

【語　譯】

如果僅依靠「道」還不足以治理國家，那就再使用法律、法令的手段；如果使用法律、法令的手段之後還不足以實現國家的治理，那就再運用策略、權謀；如果運用了策略、權謀之後仍然不足以治理國家，那就要通權達變，對現行的政策、法令、措施等進行修正和調整；如果通權達變之後也還不足以達到長治久安的治國目標，那就再運用君王的權勢、地位。運用了君王的權勢、地位就應當再回返到通權達變的運用；運用了通權達變就應當再回返到權謀、策略的運用；運用了權謀、策略就應當再返到法律、法令的運用。運用了法律、法令的手段就應當再回返到「道」，再依照「道」來治理國家，也就自然達到了無為而治的境界。所以說，因為有阻礙就會去尋求解決困難的方法，直到最終目標的實現。而最終目標的實現，實際上又開始了新的尋求解決阻礙、困厄的過程，這種從阻礙、困厄的發現、問題的提出到最終的解決，又開始新一輪由發現到解決的過程，自始至終，自終復始，循環相沿，連續不斷，是永遠沒有終結的。

有形者必有名，有名者未必有形。形而不名，未必失其方圓白黑之實；名而不形❶，不可不尋❷名以檢❸其差。故亦有名以檢形，形以定名，名以定事❹，事以檢名。察其所以然，則形名之與事物，無所隱其理矣。

【章旨】

再論名形與事物之間的關係，指出定名應該與事實相符合，要以名檢形，以形定名，以名定事，以事檢名。「有形者必有名，有名者未必有形」兩句極富哲理。

【注釋】

❶名而不形　本無「不形」二字。據中華書局一九五九年八月版陶鴻慶著《讀諸子札記・十六・尹文子校札》增改。

❷尋　尋找；選擇。

❸檢　查驗；檢查。
❹事　事物。

【語　譯】

有形態的具體事物一定有與之相對應的名稱，而有具體明確的名稱的卻不一定有具體可辨的形態。有具體的形態即使沒有與之相應的名稱，並不見得會失掉它那原本具有的方、圓、黑、白之類的實質；而有了具體明確的名稱，卻不見得就有具體的形態，因而不可不用心地去尋找，選擇恰如其分的名稱並注意檢驗名實之間是否存在著差異。所以要用名稱來檢驗具體事物的形態，要以具體事物的形態為依據來確定恰如其分的名稱，要透過具體明確的名稱來概括事物的類型（給同類的事物命定共同的概念），還要以具體的事物來檢驗所定名稱的恰當與否。考察它們之所以這樣定名的原因，那麼具體事物的形態和與之相對應的名稱與具體的事物本身之間，就沒有什麼規律、道理能夠隱藏的了。

名有三科❶，法有四呈❷。一曰命物之名，方圓白黑是也；二曰毀譽❸之名，善惡貴賤是也；三曰況謂❹之名，賢愚愛憎是也。一曰不變之法，君臣上下是也；二曰齊俗❺之法，能鄙同異❻是也；三曰治眾之法，慶賞❼刑罰❽是也；四曰平準之法❾，律度權量❿是也。

【章旨】

述說名、法三科、四呈分類的分科、類別。

【注釋】

❶科　科目；類別。

❷呈　通「程」。種類；品類。

❸毀譽　批評、非議和稱讚、褒揚。

❹沉謂　比沉說明。

❺齊俗　使社會的民俗民情趨於整齊劃一。

❻能鄙同異　區別能、鄙。即按能、鄙給予相同或不相同的社會政治地位。鄙，低鄙。與「能」相對。指能力低下或者無能的人。

❼慶賞　獎賞，獎賞有功之士。

❽刑罰　古時刑、罰有別，刑指肉刑、死刑；罰指以金錢贖罪。後泛指對犯有罪過之人實行懲罰的強制方法。

❾平準之法　指古代由官府控制物資，易地轉輸，平抑物價的措施。平準，也作「準平」。準，是設衡立準。平，是貴賤有平。

❿律度權量　指制度律度權量的統一標準。律度，古代測量、計度物體長短的分、寸、尺、丈、引，皆出於黃鍾之律，故稱律度。權量，指測定物體大小、輕重的器具。權、秤，測定物體重量的器具。量，計量多少的量具。如龠、合、斗、斛之類。

【語　譯】

給事物、事件、活動的定名有三種類別，制訂法律、法令有四個品類。一是對具體事物命定的名稱，例如方圓白黑之類對事物外形和色彩特徵的規定性就是；二是對具體的人物、事件的批評非議和稱讚歌頌的名稱，例如善惡貴賤之類對道德品行的評判和對尊卑等級的劃分就是；三是對人物的才能、喜怒等比況說明性的名稱，例如賢愚愛憎之類對人物才幹能力的評估和喜怒哀樂等心理活動的評述就是。一是亙古不變的法則，例如君王與臣下、上級與下級嚴格森嚴的尊卑等級區分就是；二是統一整治社會的民俗民情的法則，例如根據人物能力才幹的有無或大小給予相同或不同的社會政治地位就是；三是統馭百姓大眾的方法，例如制定獎賞有功之士、懲罰犯有罪錯之人的措施就是；四是轉輸物資，平抑物價的措施，例如制定統一的度量物體長短、計算容積大小、計量物體輕重的器具就是。

術❶者，人君之所密用❷，群下不可妄窺❸；勢❹者，制法之利器❺，群下不可妄為❻。人君有術，而使群下得窺，非術之奧者❼；有勢，使群下得為，非勢之重❽者。大要❾在乎先正名分❿，使不相侵雜⓫。然後術可祕，勢可專。

【章旨】

作為人君密用以統馭臣下的「術」和制法之利器的「勢」，要保持它們的神祕性和君王專擅獨用的地位，必須先端正廓清上下之間的等級名分，決不能使臣下妄窺、妄為。

【注釋】

❶術　君王統馭臣下的策略、方法。

❷密用　祕密地使用。

❸妄窺　非分地暗中偷看、窺視。

❹勢　君王至高無上的權勢和地位。
❺利器　鋒利的武器。比喻君王制定法律、法令的必要條件。
❻妄為　指臣下非分地擁有權勢。
❼非術之奧者　那就不再是奧祕的術了。術的特點是密用，一旦為群下所窺，便失去其神祕性。
❽重　至上。
❾大要　關鍵；重要的。
❿名分　君王與臣下之間的身分和地位。
⓫侵雜　混雜；摻雜。

【語譯】

術，是君王祕密使用以統馭臣下的策略、方法，眾多的臣下不可以非分地暗中窺視其中的隱祕；勢，是君王制定法律、法令的必要條件，眾多的臣下不可以非分地擁有而膽大妄為。君王掌握著專擅獨用以統馭臣下的「術」，一旦讓眾多的臣下得以窺見瞭解其中的隱祕，那就不再是奧祕莫測的「術」了；君王掌握著制定法律、法令的「勢」，一且讓眾多的臣下得以擁有而妄為，那就不再是尊崇至上的「勢」了。重要的問題在於要先端正廓清君臣上下之間的等級名分，使得君臣上下之間的等級名分不相混雜，然後才可能使「術」保持其隱祕性，真正成為君王統馭臣下祕而不宣的法寶；才可能使「勢」成為君王專擅獨用、深不可測的武器。

名者，名❶形者也；形者，應❷名者也。然形非正名也，名非正形也，則形之與名，居然❸別矣，不可相亂❹，亦不可相無❺。無名，故大道❻無稱❼；有名，故名以正形。今萬物具存，不以名正之則亂，萬名具列，不以形應之則乖❽。故形名者不可不正也。

【章旨】

本章從名形不可混雜，亦不可互相替代，卻互相對應而又居然有別的角度，說明認真地辨識名形之間關係的重要性。

【注釋】

❶名 用作動詞。命名；稱呼。
❷應 相對應。
❸居然 明顯；顯然。
❹相亂 名形相混雜。指形不應名。
❺相無 互相替代。指形而不名。
❻道 沒有具體形態而又無所不在，無時不在，卻有規律可循的哲學範疇。
❼稱 稱量；描述。
❽乖 乖訛；錯誤；差錯。

【語譯】

名稱，是用來稱呼具體事物的形態的；形態，是呼應與該事物的形態相對應的名稱的。然而事物的形態本身並不能判別定名的確當與否，名稱本身也不具備判定與事物的形態是否合適的能力。那麼形態與名稱，顯然是兩種自相區別的概念，不可互相混雜，也不可互相替代。沒有名稱，所以大道無法稱量、描述；有了名稱，所以名稱可以用來辨識事物的形態。現在萬物並存於世，如果不用名稱來稱呼、辨識它們，就會發生混亂；各式各樣的名稱並列於世，如果不用事物的形態來與它們相對應，就會發生錯誤，所以事物的形態與事物的名稱是不可以不認真地辨識清楚的。

善名命善，惡名命惡，故善有善名，惡有惡名。聖❶賢❷仁❸智❹，命善者也；頑❺嚚❻凶❼愚❽，命惡者也。今即聖賢仁智之名，以求聖賢仁智之實，未之或盡也；即頑嚚凶愚之名，以求頑嚚凶愚之實，亦未或盡也。使善惡盡然❾有分，雖未能盡物之實，猶不患❿其差⓫也。故曰：名不可不辯⓬也。

【章旨】

透過對「善名命善、惡名命惡」卻並非名實相符，即便是聖賢仁智、抑或是頑嚚凶愚之類都經不起實際求證的論述，說明「名不可不辨」的深刻道理。

【注釋】

❶聖　才識卓傑、能力超群，而且道德修養極高，為品評人物的善名中之上品。
❷賢　德才兼備。
❸仁　有寬厚仁慈、仁愛之心。
❹智　聰慧；有智謀。
❺頑　頑妄；愚昧。
❻嚚　愚蠢而無信義。《左傳・僖公二十四年》：口不道忠信之言為嚚。

❼凶　凶頑；惡毒。

❽愚　蒙昧無知而愚頑淺薄。

❾盡然　完完全全；徹徹底底。

❿患　擔心；擔憂。

⓫差　差異。

⓬辯　通「辨」。辨正；辨別。

【語譯】

美好的名稱用來稱呼那些美好的人、事；不好的名稱用來稱呼那些不好的人、事。所以美好的人、事有美好的名稱；不好的人、事有不好的名稱。聖、賢、仁、智，是用來稱呼美好的人、事的，頑、嚚、凶、愚，是用來稱呼不好的人、事的。如果就具有聖、賢、仁、智這樣美好的名譽聲望的人、事去求證檢驗其聖、賢、仁、智的實際，卻不一定都能名實相符；就具有頑、嚚、凶、愚這樣的壞名譽的人、事去求證檢驗其頑、嚚、凶、愚的實際，也不一定全都名實相符。要使善良與醜惡完完全全、徹徹底底地區分開來，即使不能使人、事與或善或惡的名稱全都名實相符，甚至它們之間存在著差距也是不必擔憂的。所以說名稱是不可以不認真地辨別清楚的。

名稱者，別彼此而檢❶虛實者也，自古至今，莫不用此而得，用彼而失。失者由名、分❷混，得者由名、分察❸。今親❹賢而疏❺不肖❻，賞善而罰惡。賢、不肖、善、惡之名，宜在彼❼，親、疏、賞、罰之稱，宜屬我❽。我之與彼，各得❾一名。名之察者也，名賢、不肖為親、疏，名善、惡為賞、罰。合彼我之一稱而不別之，名之混者也。故曰：名稱者，不可不察也。

【章　旨】

名稱是用以區別不同的事物，並檢驗事物的真假和虛實的，因而君王必須區分賢、不肖和善、惡，分別親、疏和賞、罰這些不同的名稱，察其名分，檢其虛實，才不致混同一爐，不分彼此，自亂綱紀，從而得出「名稱者，不可不察也」的結論。

【注釋】

❶檢　檢驗。

❷名分　名位及其應守的職分。

❸察　觀察；辨別。

❹親　親近；信任。

❺疏　疏遠；不信任。

❻不肖　不正派、不成材的小人。

❼彼　指名而言。

❽我　指分而言。

❾各得　底本原為「又復」。據陶鴻慶著《讀諸子札記・十六・尹文子校札》改。其文云：「又復，疑『各得』二字之誤。上文云：賢、不肖、善、惡之名，宜在彼；親、疏、賞、罰之稱

宜屬我。彼我各有所宜，是各得一名也。」

【語　譯】

名稱是用來區別彼此而且檢驗其真假和虛實的。從古至今，使用這種方法沒有得不到成果的，而不用這種方法就會喪失獲得成果的可能。喪失獲得成果的可能是因為把名位及其應守的職分搞混亂了；得到了成果是因為對名位及其應守的職分觀察得仔細、辨別得清楚。現在君王親近賢能之士而疏遠那些不肖之徒，獎賞賢能優秀的有功之士，懲罰犯有過錯的人。應該把賢、不肖、善、惡之類的名號和親、疏、賞、罰之類的概念區分開來，賢、不肖、善、惡之類的名號屬彼，親、疏、賞、罰之類的概念歸我。這樣，我這一方面與彼一方面就成為各自不同類別的名稱。對名稱進行仔細的觀察，明晰的區分，就可以把稱呼賢、不肖這樣的名稱與親近或疏遠這樣的概念配合使用，就可以讓稱呼善、惡之類的名稱與獎賞或懲罰之類的概念相配合。而把我這一方面和彼一方面揉合為一種名稱而不加區別，是對名稱的混淆。所以說，名稱是不可以不加以仔細的觀察和明晰地區分清楚的。

語❶曰：好牛。又曰：不可不察也❷。「好」則物之通稱❸，「牛」則物之定形❹，以通稱隨❺定形，不可窮極❻者也。設❼復言「好馬」，則復連於「馬」矣。則「好」所通❽，無方❾也。設復言「好人」，則彼屬於人也。則「好」非人，「人」非好也；則「好牛」、「好馬」、「好人」之名自離矣。故曰：名分不可相亂也。

【章　旨】

本章闡述「好」無定稱，「物」有定形，以無定稱之「好」隨有定形之「物」（牛、馬、人），其例雖不勝枚舉，而其名位與職分卻是不可混同的道理。

【注釋】

❶語 諺語；俗語。

❷又曰不可不察也 底本所附校勘記汪校、錢校皆以「又曰」二字為衍文；又陶鴻慶著《讀諸子札記·十六·尹文子校札》又云：「『不可不察也』五字乃涉上文誤重，非原文也。」則此七字皆為衍文。

❸通稱 一般的說法。可涵蓋許多事物，如下文「好馬」、「好人」的「好」。

❹定形 固定的形體。

❺隨 隨順；依附；順從。

❻窮極 同義連文。窮盡；盡頭；邊際。

❼設 假如；如果。

❽所通 所涵蓋、述說的一般含義。

❾方 常規。

【語譯】

俗話說：「好牛。」又說：「對此不可不加以仔細的考核審察。」「好」，是對事物狀況的一般性說法，而「牛」則是特定事物的固定形態。以對事物的一般性說法為修飾語依附於事物特定的固定形態，這樣的事例是不可能羅列齊全，是無窮無盡的。假如又說：「好馬。」那麼「好」又與「馬」相連使用了。那麼「好」所涵蓋述說的一般含義，是沒有通常意義上的常規來限定的。假如又說：「好人。」那麼「好」又從屬於「人」了，則「好」與「人」不能互相等同，「好」不是「人」，「人」不是「好」，這樣一來，「好牛」、「好馬」、「好人」之類的名稱自己就互相區別開來了。所以說：名位與其相應的職分是不可以互相混同的。

五色❶、五聲❷、五臭❸、五味❹，凡四類，自然❺存焉天地之間，而不期❻為人用。人必用之，終身各有好惡而不能辯❼其名分，名宜屬彼，分宜屬我。我愛白而憎黑，韻❽商而舍❾徵，好❿羶⓫而惡焦⓬，嗜⓭甘而逆⓮苦。白、黑、商、徵、羶、焦、甘、苦，彼之名也，愛、憎、韻、舍、好、惡、嗜、逆，我之分也。定此名分則萬事不亂也。

【章　旨】

五色、五聲、五臭、五味是天然存乎天地之間的，而人們雖然終身各有好惡，卻不懂得要區別名位及其相應的職分。或愛白而憎黑，或韻商而舍徵，或好羶而惡焦，或嗜甘而逆苦，如果能夠將白黑、商徵之類的名位與愛憎、韻舍之類的職分區別開來，那麼世間的萬事萬物就不會混亂了。

【注　釋】

❶五色　青、赤、白、黑、黃五種顏色。

❷五聲　宮、商、角、徵、羽五個音級。
❸五臭　羶、焦、香、腥、朽五種氣味。
❹五味　辛、酸、鹹、苦、甘五種味道。
❺自然　天然。
❻期　期望；期待；希望。
❼辯　通「辨」。辨別。
❽韻　作動詞用。欣賞；喜歡聽。
❾舍　捨棄；不喜歡聽。
❿好　喜愛。
⓫羶　羊肉的氣味。
⓬焦　借為「臊」。豬肉的氣味。
⓭嗜　歡喜；愛好。
⓮逆　拒絕；抗拒。

【語　譯】

青、赤、白、黑、黃五色，宮、商、角、徵、羽五聲，羶、焦、香、腥、朽五臭和辛、酸、鹹、甘、苦五味這四大類東西是天然存於天地之間的，它們自身並沒有希望人們使用的意願，而人們是必定要使用它們的。人們對它們雖然終身各有好惡，卻不能辨別、區分它們的名位和與其相對應的職分。名位應該屬於彼一方，職分應該屬於我這一方。人們喜愛白色而憎惡黑色；喜歡聽商調的樂曲而不喜歡聽徵調的樂曲；喜歡聞羊肉的氣味而討厭豬肉的氣味；歡喜甜味的東西而拒絕苦澀的東西。白、黑，商、徵，羶、焦，甘、苦，是彼一方的名位；愛、憎，韻、舍，好、惡，嗜、逆，是我這一方的職分。

如果能夠將這些名位和職分區分清楚，那麼世間的萬事萬物也就不會發生混亂了。

故人以度❶審❷長短，以量❸受❹多少，以衡❺平❻輕重，以律❼均❽清濁，以名稽❾虛實，以法定治亂，以簡制❿煩惑⓫，以易御⓬險難。以萬事皆歸於一⓭，百度皆準於法。歸一者簡之至，準法者易之極。如此，則⓮頑⓯、嚚⓰、聾⓱、瞽⓲可與⓳察⓴、慧㉑、聰㉒、明㉓

同治矣[24]。

【章旨】

本章從度審長短、量受多少、衡平輕重等角度，闡述名定則不亂的道理，說明萬事歸一、百度準法，以極其簡單容易的方法來克服控制煩惑的困擾等，就能使頑、嚚、聾、瞽之人與察、慧、聰、明之人一樣容易接受治理了。

【注釋】

❶度　計量物體長短的標準。

❷審　審察；審核。

❸量　斗、斛一類的量具。

❹受　容納。

❺衡 秤一類的衡器。
❻平 舊時一種衡量的標準。如清代實行的部庫徵收租稅，出納銀兩時所用的衡量標準，叫「庫平」。此外還有「漕平」。
❼律 律呂。古代用以審定音律的用器。
❽均 調節。
❾稽 考核；稽查。
❿制 底本為「治」。據底本附校勘記改。制，克服。
⓫煩惑 煩瑣和困惑。
⓬御 控制。
⓭歸於一 歸屬於法治。一，法。
⓮則 底本無此字。據底本附校勘記增。
⓯頑 頑妄、愚昧之人。
⓰嚚 愚蠢而無信義之人。
⓱聾 耳朵聽不到聲音的聾子。
⓲瞽 眼睛看不見東西的盲人。

⑲與　底本為「以」。據底本附校勘記改。
⑳察　能仔細觀察，洞悉細微的人。
㉑慧　睿智而又聰慧的人。
㉒聰　聰明靈敏的人。
㉓明　賢明的人。
㉔矣　底本為「也」。據底本附校勘記改。

【語譯】

古人用「度」來審核考校物體的長短，用斗、斛之類的量器來度量所容納的物體的多少，用秤一類的衡器來計量物體的輕重，用律呂來調節清音和濁音，用名稱來稽查名實之間的真假虛實，用法律、法令來決定治理國家的政策措施，用簡單的方法來克服煩惑的困擾，用便易的方法來控御凶險困難的事。把世間的萬事都歸屬於法治，使各種制度也都以法治為準則，讓世間萬事都歸屬於法治，這是高度的「簡」，讓世間萬物都以法治為準繩，這是高度的「易」。如果能夠這樣，那麼即使是那些頑、嚚、聾、瞽之人也能與那些察、慧、聰、明之人一樣，容易接受治理了。

天下萬事不可備能❶，責❷其備能於一人，則賢聖其猶病諸❸。設一人能備天下之事，能❹左右前後之宜❺，遠近遲疾❻之間，必有不兼❼者焉。苟有不兼，於治❽闕❾矣。全治而無闕者，大小多少，各當❿其分，農、商、工、仕不易其業⓫，老農、長商⓬、習工⓭、舊仕⓮，莫不存焉。則處上者⓯何事哉？

【章　旨】

本章從天下萬事紛繁複雜，不可能有人萬事皆能入手，說明只要全治無闕，則大小多少、前後左右、士農工商等都能各守本位，各當其分，各安其業。君王就不必萬事都親自去處理了。

【注釋】

❶備能　都能勝任。備，全；都。
❷責　求；要求。
❸病諸　會對此感到困難。病，難；困難。諸，之。
❹能　通「恁」。那麼。
❺宜　事宜；事務。
❻遲疾　快慢。
❼兼　兼顧到。
❽治　治道。
❾闕　虧闕。
❿當　合適；適宜；恰當。
⓫不易其業　不變更他們的專業。即各安於位，各守其分。
⓬長商　擅長經商的商賈。

⓭習工　熟悉技藝的工匠。
⓮舊仕　資格老練的官員。
⓯處上者　指處於萬民之上的君王。

【語譯】

天下萬物紛繁複雜，不可能有人都能具備勝任處理萬事的能力，如果要求一個人能具備這種處理萬事的能力，那麼即使是聖人賢士也還會感到困難的。假如真有一個人能夠具備勝任處理萬事的能力，能夠處理好前後左右的各類事務，那麼他在遠近快慢之間，必定還會有兼顧不到、處理不了的事存在。倘若還有沒有能力處理的事情存在，那麼對治國之道來說便有闕失了。如果能夠保全治國之道的完整周全而沒有闕失，那麼大小、多少之類就都能各自占有適當的名位、職分，農、商、工、仕就能不改變他們的專業，經驗豐富的老農、擅長經商的商賈、熟悉技藝的工匠和資格老練的官員就會無所不有，各安其位。那麼，高居萬民之上的君王還有什麼事情必須親自去處理呢。

故有理而無益於治者，君子弗言；有能而無益於事者，君子弗為❶。君子非樂有言，有益於治，不得不言；君子非樂有為，有益於事，不得不為。故所言者，不出於名、法、權、術；所為者，不出於農稼❷、軍陣❸。周務❹而已，故明主任之❺。

【章　旨】

君子的一切言行並不是以有理、有能為依據，而是以對治國是否有益為基點來決定的，而且言不出名、法、權、術，為不出農稼、軍陣，因而獲得君王的信任。

【注　釋】

❶有理而無益於治者四句　意謂君子的言行都以對治國是否有益為出發點的，表現出一種強烈的事功色彩。君子，這裡指名家、法家。

❷農稼　指農事。

❸軍陣　指軍事。

❹周務　使所務周全。意謂忠於職守或把所做的事務做好。

❺任之　底本原為「不為」。據底本附校勘記改。任，信任。之，君子。指名家、法家。

【語　譯】

所以即使有充足的理由卻對於國家的治理沒有好處的話，君子不說；雖然有足夠的能力卻對於事務的處理沒有幫助的事，君子不做。君子說話，並不是因為喜歡夸夸其談，而是因為對於國家的治理有好處，因而不得不說；君子做事，並不是因為喜歡好大喜功，而是因為對於事務的處理有幫助，因而不得不做。因此，他們所說的話也不超出「農稼」、「軍陣」這樣的農戰範圍。只不過是為了使自己忠於職守或者把自己所承擔的工作做好罷了。所以，聖明的君主會信任重用他們。

治外之理❶，小人❷之所❸必言；事外之能❹，小人之所必為❺。

小人亦知言損於治❻，而不能不言；小人亦知為損於事❼，而不能不為。故所言者，極❽於儒、墨是非之辯❾；所為者，極於堅偽偏抗❿之行。求名⓫而已，故明主誅之⓬。

【章旨】

小人言治外之理，為事外之能，損治害事，而且又執著於儒墨是非之辨，堅偽偏抗之行，頑冥不化，又念念於求取功名令譽，所以聖明的君主要疏遠、誅戮他們。

【注釋】

❶治外之理　指前章所陳名、法、權、術等治國之道以外的治國之理。

❷小人　相對於前章的「君子」。這裡還包括儒家、墨家在內。

❸之所　底本原無此二字。據底本附校勘記增。

❹事外之能　指前章所述農、商、工、仕這些事功方法以外的處事之能。

❺小人之所必為　底本原無此六字。據底本附校勘記增。

❻言損於治　所說的話有害於名、法、權、術等的治國之道。

❼為損於事　所做的事有損於農、商、工、仕等的事功之法。為，底本原無此字。據底本附校勘記增。

❽極　窮極；窮盡。

❾是非之辯　顛倒黑白、不分是非的言論。

❿堅偽偏抗　詐偽偏執；頑固不化。

⓫求名　相對於前章的「周務」而言。求取功名令譽。

⓬誅之　相對於前章的「任之」而言。誅，疏遠；誅戮。之，指小人。

【語　譯】

名、法、權、術這些治國之道以外的治國之理，是小人必定會大肆宣揚的，農、商、工、仕這些事功之法以外的行事方法，是小人必定會去做的。小人雖然也知道他們所宣揚的言論有損於名、法、權、術這些治國之道，卻又不能不說；小人雖然也懂得他們所做的事有害於農、商、工、仕這些事功之法，卻又不能不做。所以他們極力說一些顛倒儒家和墨家是非的言論；他們所做的事，又窮極詐偽偏執的行事方法。一切只不過是為求取功名令譽罷了，所以聖明的君主要疏遠誅戮他們。

古語曰：不知❶無害於君子，知之無損於小人。工匠不能❷，無害於巧❸，君子不知，無害於治。此言信❹矣。

【章旨】

君子不知治外之理，工匠不懂事外之能，都無損於他們的治國和技藝。即使小人懂得，亦無害處。知與不知，能與不能，無關宏旨。

【注釋】

❶不知　針對「治外之理」而言。下句「知」字亦同。

❷不能　不懂得事外之能。

❸巧　技藝；技巧。

❹信　確實。

【語譯】

古話說：不瞭解名、法、權、術這些治國之道以外的治國之理，對君子來說並沒有什麼危害；懂得那些治外之理，對小人來說也沒有什麼損害。工匠雖然不懂得農、商、工、仕之外的事功之法，卻無損於他們技藝的工巧、熟練；君子雖然不瞭解那些治外之理，對他們治理國家來說卻沒有什麼危害。這是確實可信的。

為善，使人不能得從❶，此獨善也；為巧，使人不能得從，此獨巧也，未盡善、巧之理。為善與眾行之，為巧與眾能之，此善之善者、巧之巧者也。故所貴❷聖人之治，不貴其獨治，貴其能與眾共治也；所貴工倕❸之巧，不貴其獨巧，貴其能與眾共巧也。

【章旨】

獨善獨巧，非善巧之至，只有使大眾也行善能巧，才是善之善者、巧之巧者，才可寶貴、尊崇。

【注釋】

❶不能得從　不能跟著去做。

❷貴　重；尊崇。

❸工倕　遠古時傳說中的巧匠，名倕。相傳耒耜、鐘、銚、規矩、準繩等器具是他始造發明的。

【語譯】

注重品德的修養，卻不能使大眾跟著與自己一樣行善，這只是獨善；注重技藝的工巧，卻不能使大眾的技藝跟著與自己一樣變得工巧起來，這只是獨巧罷了，並沒有徹底發揮善、巧的道理。為善而能使大眾與自己一起實行，為巧而能使大眾的技藝也變得工巧起來，這才是善中之善、巧中之巧啊！所以，人們所尊崇的是實現天下大治的聖人之治，而不推崇那些獨善其身的獨治，尊崇的是他們能夠與大眾一起共同實現天下的大治；人們所尊崇的是像工倕那樣的能工巧匠，而不推崇那些孤芳自賞、獨擅其技的工匠，尊崇的是他們能夠與大眾一起共同擁有技藝的工巧。

今世之人，行❶欲獨賢，事❷欲獨能，辯❸欲出群，勇欲絕眾。夫獨行之賢，不足以成化❹；獨能之事，不足以周務；出群之辯，不可為戶說❺；絕眾之勇，不可與❻征陣❼。凡此四者，亂之所由生也。是以聖人任道❽以夷其險❾，立法❿以理其差⓫，使賢愚不相棄，能鄙不相遺⓬。能鄙不相遺，則能鄙齊功⓭，賢愚不相棄，則賢愚等慮⓮。此至治⓯之術也。

【章旨】

世人私欲過重，或行欲獨賢，或事欲獨能，或辯欲出群，或勇欲絕眾，然而這些都不足以做到成化、周務、戶說、征陣，只有行道立法，使賢愚不相棄，能鄙不相遺，才能達到天下大治的治國目標。

【注釋】

❶行　品行；品德。

❷事　處事；做工作。
❸辯　辯才。
❹成化　教化眾人，形成風尚。
❺戶說　挨家挨戶進行勸說，使家喻戶曉。
❻與　參與；參加。
❼征陣　戰陣；衝鋒陷陣。
❽任道　依靠「道」。
❾夷其險　克服困難，化險為夷。
❿立法　制定法律、法令。
⓫理其差　治理各種不同的人。差，差別；差異。指賢、愚、能、鄙各類人。
⓬遺　遺棄；拋棄。
⓭齊功　一起工作。齊，同等一致。功，事功。
⓮等慮　一樣思慮、謀劃。
⓯至治　天下大治。

【語譯】

當今世上的人，私心太重，有的只想自己的品行最為賢良優秀；有的想只有自己的辦事能力最強，最有能耐；有的希望自己的辯論才能超塵絕俗；有的則期望自己的勇氣遠遠地超過他人。但是，僅僅是一個人的優良品行，還不足以教化眾人，並形成風氣，單憑一個人出眾的辦事能力，還不足以做好所有的工作；即使是最為出色的辯才，也不能光靠他一個人挨家挨戶進行勸說，就能使家喻戶曉；即使是最勇猛的戰士，也不能光靠他一個人去衝鋒陷陣。而這四種獨賢、獨能、出群之辯、絕眾之勇，恰好是引發禍亂的原因。所以聖人治理國家依靠「道」來克服困難、化險為夷；制定法律、法令來治理賢、愚、能、鄙這樣各不相同的人，使得賢明的人能夠與愚昧的人共同相處，不相遺棄；能力強的人能夠與能力弱或無能的人共同工作，不相拋棄。如果能夠使能力強的人與能力弱或無能的人共事，不相拋棄，那麼他們就能把工作做好；如果能夠使賢明的人與愚昧的人同處，不相遺棄，那麼他們就能一起思慮、謀劃。這才是實現天下大治的方法啊！

名❶定，則物❷不競；分❸明，則私❹不行。物不競，非無心❺，由名定，故無所措❻其心；私不行，非無欲，由分明，故無所措其欲。然則心、欲人人有之，而得同於無心、無欲者，制❼之有道❽也。

【章　旨】

只要名定分明，就能息紛爭、去私欲。競爭之心、貪欲之念人皆有之，而能達到息紛爭、去私欲的境地，是因為控制得法的緣故。

【注　釋】

❶名　名位；名義。

❷物　指眾人。

❸分　職分；分屬。

❹私　私欲。
❺心　競爭之心。
❻措　用；施。
❼制　控制。
❽道　道術；方法。

【語　譯】

如果名位確定，那麼眾人就不會再去競爭；如果職分明確，那麼人們的私欲就會行不通。眾人不再競爭，並不是因為沒有了那份競爭之心，而是因為名位已經確定。沒有地方可以運用他們的競爭之心罷了；私欲行不通，並不是因為沒有了那個貪欲之念，而是因為職分已經明確，沒有地方可以運用他們的貪欲之念罷了。但是，競爭之心、貪欲之念人皆有之，而能使兩者都處於沒有競爭之心、貪欲之念的境地，是因為對它們的控制得法啊！

田駢❶曰：「天下之士，莫肯處其門庭❷，臣其妻子❸，必遊宦❹諸侯之朝者，利引之也。遊於諸侯之朝，皆志為卿、大夫❺，而不擬於諸侯❻者，名限之也。」彭蒙❼曰：「雉❽、兔在野，眾人逐❾之，分未定❿也。雞、豕⓫滿市⓬，莫有志者，分定故也。」

【章旨】

本章透過天下之士雖然才略出眾，遊宦於諸侯國之朝堂，竭盡心智，卻安居於卿、大夫之位，而沒有非分地僭越國君之位的圖謀和打算，以及生存在山野和市井裡的雞、兔、豬之類，或被追逐射殺，或無人能隨意地據為己有的事例，並經稷下學派的兩位思想家田駢、彭蒙之口，說明名位的確定和分屬的明確，是十分重要的。

【注釋】

❶田駢　戰國中期齊國思想家。屬稷下黃老學派。
❷處其門庭　安居在自己家中。門庭，指家。
❸臣其妻子　接受妻子兒女的侍奉。
❹遊宦　遠出做官。宦，仕宦；做官。
❺卿大夫　官名。在諸侯國內，諸侯是國君，卿、大夫是高級臣屬。他們的權勢、地位遠遠超過一般的士。
❻不擬於諸侯　不打算做僭越諸侯國君之位的事情，而安於卿、大夫之位。擬，打算；圖謀。
❼彭蒙　戰國中期齊國思想家。屬稷下黃老學派，相傳為田駢的老師。
❽雉　山雞。
❾逐　追捕射獵。
❿分未定　分屬沒有確定。
⓫豕　豬。
⓬市　市井。指居民集中居住的地方。

【語　譯】

田駢說：「那些胸懷大志的天下之士，沒有人甘願蝸居於自己家園這樣小小的天地之中，接受妻子兒女的侍奉，他們必定要離開家園，到諸侯國君的朝堂裡去做官，這是因為利益的引誘。他們離開了自己的家園，在諸侯國君的朝堂裡做官，都志願擔任卿、大夫這樣的官職，卻沒有要非分地僭越諸侯國君之位，去做諸侯國君的圖謀、打算，這是因為名分限制了他們。」彭蒙說：「山野裡的山雞、野兔，人人都可以去追捕射獵，這是因為牠們的分屬還沒有確定；市井裡那麼多的雞、豬，卻沒有人能夠隨意地據為己有，這是因為牠們的分屬已經很明確的緣故啊！」

物奢❶，則仁、智相屈❷；分定，則貪、鄙❸不爭。圓者之轉，非能❹轉而轉，不得不轉也；方正之止，非能止而止，不得不止也。因❺圓之自轉，使不得止；因方之自止，使不得轉，何苦❻物之失分❼？故因賢者之有用，使不得不用；因愚者之無用，使不得用，用與不用，皆非我也，因彼可用與不可用，而自得其用，奚患物之亂乎？

【章　旨】

本章以圓形物體不能不轉動，方正的物體不得不靜止是因為它們自身所具有的特性所決定的作比喻，說明這樣一個道理：賢者之所以被任用與愚者之所以得不到任用，並不是由某一個人主觀決定的，而是完全取決於賢者、愚者自身是否具有可用、能用的特性。

【注　釋】

❶奢　過多；過分。

❷仁智相屈　即使仁者、智者也會為物欲所誘，發生互相競爭之事。

❸貪鄙　與前列「仁、智」對舉。指貪婪之徒、無能之輩。

❹能　使；令。

❺因　順著。

❻何苦　何患；何必擔心。

❼分　指事物自身具有的性能。圓形物體的性能是「轉」；方形物體的性能是「止」。讓圓形的物體轉動，讓方形的物體靜止，就不必擔心它們會失去自身具有的特性。

【語　譯】

如果物品太多，那麼即使是仁者、賢者也難免承受不住物欲的誘惑，發生互相競爭之事，如果物品的分屬明確了，那麼即使是貪婪之徒、無能之輩也不會生出非分之想、競爭之心。圓形物體的轉動並不是外力使它轉動才轉動不止的，而是因為它本身具有不得不轉動、不能不轉動的性能；方正的物體的靜止並不是外力讓它靜止才靜止不動的，而是它本身具有不得不靜止、不能不靜止的特性。假如順著圓形物體自身具有的不得不轉動的性能，使它的轉動得不到停止；假如順著方形物體自身具有靜止不動的特性，使它得不到移動，又何必擔心這些或圓或方的事物會失去它們自身具有的性能呢？因此，順著賢者的能用、可用，而使之不得不任用；順著愚者的無能不可用，而使之得不到任用。這任用與否都不是由「我」所能主觀決定的，而是由他們是否具有可用、能用的自身條件來決定的。又何必擔心會發生混亂呢？

物皆不能自能，不知自知❶。智非能智而智，愚非能愚而愚，好非能好而好，醜非能醜而醜❷。夫不能自能，不知自知，則智、好何所貴？愚、醜何所賤❸？則智不能得夸愚❹，好不能得嗤醜❺。此為得❻之道也。

【章旨】

本章強調事物的「能」、「知」，人們的聰明、愚笨、美麗、醜陋都是先天所賦予的，而不是後天主觀想改變就能改變的。因此，聰明、美麗的人不值得炫耀自己的聰明、美麗，愚笨、醜陋的人也不必因為自己的愚笨、醜陋而自輕自賤。

【注釋】

❶物皆不能自能二句　是說物性的「能」和「知」都不是由外力造成的，而是由事物自身固有的特性決定的。

❷智非能智而智四句　句式與前一章「能轉而轉」、「能止而止」相同。意謂：人們的聰明、愚笨、美麗、醜陋都是先天的，並不是後天外力人為所改變的。

❸夫不能自能四句　是說既然「能」和「知」都是事物自身固有的特性，不是人為所改變的，那麼，聰明、美麗的人就不值得炫耀自己的聰明、美麗，愚笨、醜陋的人也就不必輕賤自己的愚笨、醜陋。

❹夸愚　指聰明者在愚笨者面前自我炫耀。

❺嗤醜　指美麗的人譏笑、羞辱醜陋的人。

❻得　領悟；體悟。

【語譯】

事物的「能」不是由外力推動造成的，而是由事物自身固有的特性決定的；人們的「知」也不是因為外力推動就可以做到的，而是由人們自身固有的特性決定的。聰明，不是外力人為想讓他聰明就能聰明得了的；愚笨，也不是外力想使他愚笨就會變得愚笨的；美麗，不是後天外力的作用而能人為地得到的；醜陋，也不是後天由於外力的作用才人為地造成的。既然事物的「能」不是外力人為地得到的，而是其自身本來就具有的；既然人們的「知」不是外力人為所得到的，而是自身本來就具有的，那麼，聰明和美麗有什麼可高貴的呢？愚笨和醜陋又有什麼可低賤的呢？因而聰明的人就不值得在愚笨的人面前炫耀自己的聰明才智；美麗的人就不值得在醜陋的人面前炫耀自己美麗的外貌。懂得了這個道理，就可以說得到了領悟「道」的方法了。

道行於世，則貧賤者不怨，富貴者不驕，愚弱者不懾[1]，智勇者不陵②，定於分也。法行於世，則貧賤者不敢怨富貴，富貴者不敢陵貧賤，愚弱者不敢冀③智勇，智勇者不敢鄙④愚弱。此法之不及道也⑤。

【章旨】

通過道治與法治的對比，突出道治的優越性，強調要實行道治。法治雖能使人不敢不定分，卻不及道治自然而然的名正分定。

【注釋】

①懾　畏懼；害怕。

②陵　欺陵；欺壓；侵侮。

③冀　希望；期望。

④鄙　輕視；鄙薄。

❺此法之不及道也　表明《尹文子》大力推崇道和道治，同時也承認法治應該作為道治的補充。

【語譯】

如果道治通行於世間，那麼，那些貧賤的人就不會怨恨自己的貧賤；那些富貴的人就不會憑藉自己的富貴驕橫妄為；那些愚弱的人就不會因為自己的愚弱而畏懼、害怕；那些智勇的人也就不會憑藉自己的智勇去欺壓他人。這是因為名分確定的緣故。如果法治通行於世間，那麼貧賤的人不敢怨恨那些富貴的人，富貴的人不敢欺壓那些貧賤的人，愚弱的人不敢期望自己上升到智勇者的地位，智勇的人也不敢鄙薄、輕視那些愚弱的人。這是法治比不上道治啊！

世之所貴，同而貴之，謂之「俗」；世之所用，同而用之，謂之「物」。苟違於人，俗所不與❶，苟忮❷於眾，俗所共去❸。故人心皆殊，而為行若一；所好❹各異，而資用❺必同。此俗之所齊❻，物之所飾⑦。故所齊不可不慎，所飾不可不擇⑧。

【章旨】

本章從如果違逆了眾人的意志就會遭受世俗的拋棄和譴責的角度入手，論述「俗」與「物」的基本含義，強調必須審慎地對待「俗」和「物」的道理。

【注釋】

①與　讚許；誇獎。

②忮　違背；逆忤。

③去　拋棄；批評；責備。

④好　喜好；愛好。

⑤資用　日常使用的器物。

⑥齊　劃一；一致；相同。

❼飾　修治使整齊。

❽擇　選擇。引申為審慎對待。

【語　譯】

世人所珍惜、看重的，我也同樣地珍惜、看重它，這就叫做「俗」；世人所利用、使用的，我也同樣地利用、使用它，這就叫做「物」。如果你的所作所為違背了社會一般的行為規範，那就不會得到世俗、社會的讚許；如果你的所作所為違逆了眾人的意志，那就會遭到世俗、社會的拋棄和譴責。所以，人們的心思雖然都各不相同，但他們的行為處事規範卻很一致；雖然人們的喜好各不相同，但他們使用的日用器物卻相同。這是因為人們的行事若一是由「俗」來規範統一的，日用器物的相同是「物」使之整齊的。所以，對「俗」，不可以不慎重，對「物」，不可以不審慎啊！

昔齊桓❶好衣❷紫，闔境❸不鬻❹異采❺；楚莊❻愛細腰，一國皆有饑色❼。上之所以率❽下，乃治亂之所由也。故俗苟沴❾，必為法以矯❿之；物苟溢⓫，必立制以檢⓬之。累⓭於俗⓮，飾於物⓯者，不可與為治矣。

【章旨】

本章以齊桓公好衣紫、楚莊王愛細腰對群下所起的表率作用為例證，說明居王位者必須明白自己的好惡往往會成為國家或治或亂的因由，只有不為「沴俗」所牽累，不受制於逾分之物，才有可能達到國家的治理。

【注釋】

❶齊桓　即齊桓公。春秋時齊國的國君，姜姓，呂氏，名小白。

❷衣　作動詞用。穿。

❸闔境　全境。指整個齊國國境以內。

❹鬻　賣；出售。

❺異采　指紫色以外其他色彩的綢子。

❻楚莊　即楚莊王。春秋時楚國國君，芈姓，熊氏，名侶。一說，愛細腰的是楚靈王。

❼饑色　指為細腰節食而造成營養不良的病態。

❽率　表率。

❾沴　因自然氣候不和而造成的某種病災。這裡指有害的風俗，敗壞的社會風氣等。

❿矯　矯正；糾正。

⓫溢　過多；過分。指超過名分所許可的限度。

⓬檢　約束；限制。

⓭累　牽累。

⓮俗　承上文指「沴俗」。

⓯物　承上文指逾越了名分所限制的「物」。

【語譯】

從前，齊桓公喜歡穿紫色絲綢做成的袍服，因而齊國所有的地方便不再出售其他色彩的絲綢；楚莊王喜愛腰身纖細苗條的女子，因而楚國的女子便都好像挨著餓吃不飽東西一樣。居上位者是群下的表率，會成為國家或治或亂的因由。所以，如果風俗敗壞，一定要制訂法律去糾正它；如果所用的器物超過了名分所允許的數量，一定要建立制度去限制它。如果一個君王為「沴俗」所牽累，又為「溢物」所制約，那是不可能使國家得到治理的。

昔晉國❶苦奢❷，文公❸以儉矯之，乃衣❹不重帛❺，食不異肉❻。無幾時，人皆大布之衣❼，脫粟之飯❽。越王句踐❾謀報❿吳⓫，欲人之勇，路逢怒蛙⓬而軾之⓭。比及數年⓮，民無長幼，臨敵⓯，雖湯火⓰不避，居上者之難⓱，如此之驗。

【章旨】

本章所述道理，緊接前章內容而來。前章從反面述說齊桓公、楚莊王不約束自己的行為，一味地放縱自己偏執的愛好對國家造成的危害。本章則以晉文公矯奢、越王句踐軾蛙而致效驗為例，從正面論述居上位者必須以自己有節制的行為作為群下的榜樣，才能達到國家的治理，得到理想的效驗的道理。與前章一正一反，論述透徹。

【注　釋】

❶晉國　周諸侯國，姬姓。在今山西一帶。約於西元前四世紀中葉被韓、趙、魏三家瓜分，史稱「三家分晉」。

❷苦奢　為風俗的奢侈所苦惱。

❸文公　即晉文公。春秋時晉國的國君，姬姓，名重耳。

❹衣　作動詞用。穿著。

❺重帛　兩件或兩件以上的絲綢袍服。

❻異肉　不同品種的肉食。

❼大布之衣　粗布衣服。
❽脫粟之飯　糙米飯。
❾越王句踐　春秋時越國的國君。曾被吳王夫差打敗，後「臥薪嘗膽」滅掉了吳國。
❿報　報讎雪恥。
⓫吳　春秋時的吳國。吳王夫差曾大敗越王句踐，最後反被決心雪恥報仇的越國滅亡。
⓬怒蛙　鼓足勇氣的青蛙。
⓭軾之　把手按在車前的橫木上，欠身向怒蛙表示敬意。軾，車前橫木。
⓮比及數年　過了幾年；幾年以後。
⓯臨敵　臨陣對敵。
⓰湯火　沸湯烈火。湯，熱水。
⓱難　同「儺」。行動有節制。

【語　譯】

從前，晉國苦於風俗的奢侈鋪張，晉文公就以提倡節儉的辦法來糾正它，自己帶頭不再穿兩件或兩件以上的絲綢袍服，不再吃兩種或兩種以上不同種類的肉食。沒有多久，晉國的臣民百姓也都崇尚穿著用粗布縫製的袍服衣裙，吃食用糙米燒煮的飯食。越王句踐思謀對吳國報雠雪恥，因而希望他的臣民百姓勇武堅強，所以他在路上遇到一隻鼓足了勇氣的青蛙，也恭敬地伏身在車前的橫木上向「怒蛙」表示敬意。過了幾年，越國的老百姓無論年長的還是年幼的，在臨陣對敵時，即使面前是沸湯烈火也勇往直前，毫不退避。居上位者的行動如果能夠有節制，為群下做出表率，居然能收到這樣顯著的效驗！

聖王❶知民情之易動❷，故作樂❸以和❹之，制禮❺以節❻之。在下者不得用其私❼，故禮樂獨行。禮樂獨行，則私欲寖❽廢；私欲寖廢，則遭賢之與遭愚均❾矣。

【章旨】

本章以聖王制禮作樂來節制、調整民情，建立一整套禮樂制度作為治理國家的依據，從而使群下私欲漸廢，達到不論以賢者還是愚者來負責國家的治理工作，都將實現國家的治理的功效，說明倡導和實行禮樂制度對於國家的治理的重要性。

【注釋】

❶聖王　尹文心目中倡導禮樂制度並身體力行的先聖君王。

❷動　波動；動盪。

❸樂　與當時社會等級制度相關聯的音樂。

❹和　和諧；統一。

❺禮　與當時社會等級制度相關聯的社會準則和道德規範。

❻節　節制；調節。

❼私　私欲；私心。

❽寖　逐漸。

❾均　等同；一樣。

【語譯】

先世聖明的君王懂得臣民百姓的情緒是易於發生波動的，所以制作了與那時的社會等級制度緊密相關聯的音樂來調節民情，使之變得和諧、統一；制定了與當時的社會等級制度相關聯的社會準則和道德規範來節制、調整民情，使得處於下位的群下不能妄以私心、私欲來待人處事，所以單單禮樂制度能夠得到貫徹實行。而禮樂制度得到貫徹實行，那麼群下的私心、私欲就會逐漸消除；群下的私心、私欲逐漸消除，那麼對國家而言，無論是讓賢能的人還是愚笨的人來負責國家的治理工作，而統治的功效將會是一樣的。

若使遭賢則治，遭愚則亂，是治亂係❶於賢愚，不係於禮樂。是聖人之術，與聖主而俱沒❷。治世之法，逮❸易世❹而莫用❺，則亂多而治寡。亂多而治寡，則賢無所貴，愚無所賤矣。

【章旨】

如果國家遇賢則治，遇愚則亂，聖王治世的好方法不能傳之後世，那麼國家必定會治世少而亂世多。從反面論證實行禮樂制度對於保證聖王治世之法的沿續貫徹的重要性。

【注釋】

❶係　決定。

❷俱沒　一起消亡。

❸逮　及；到。

❹易世　易代；改朝換代。

❺莫用　失去效用。

【語譯】

如果國家由賢能的人來負責治理工作就能得到治理，如果遇上由愚笨的人來負責治理工作就會發生混亂，那是說，國家的治亂決定於賢者愚者這樣的人才因素，而不維繫於禮樂這樣的社會制度。聖人禮樂等治世之術，將隨著聖明的君主的逝世而一起消亡。聖明的君主實現國家安定的治國方法，一經改朝換代就不再發生效用，那麼國家必然是亂世多而治世少。如果亂世多而治世少，那麼即使賢能，又有什麼了不起，愚笨又有什麼低賤可言呢？

處名位❶，雖不肖❷，不患物不親己；在貧賤，雖仁賢，不患物不疏己❸。親疏係乎勢利❹，不係於不肖與仁賢。吾亦不敢❺據以為天理❻，以為地勢❼之自然❽者爾。

【章　旨】

面對社會上對人的親疏遠近不是以仁賢、不肖作為取捨的標準，而是以是否擁有權勢和財利來作依據的現象，作者感歎不已。認為不能也不應該把這種現象「據以為天理」，而只不過是社會上對權勢、財利的一種敬畏心理而自然而然地產生的情況罷了。

沈几軒曰：處名位，有仁賢、愚不肖，然仁賢者少，愚不肖者多，此所以亂多而治寡也。

【注　釋】

❶名位　尊名高位。

❷不肖　不像。特指子不似父親那樣賢能。俗有「不肖子孫」之語。

❸**不患物不親己四句**　據《文選・薦士表》注引補入。而「不患」原亦誤作「下愚」，字形相似之故。物，前章有「世之所用，同而用之，謂之物」之語，本章此「物」除此義外，尚有指人之義。貧賤，與「名位」相對。貧窮低賤，無財無勢。仁賢，與「不肖」相對。富有仁愛之心而又有才幹。

❹**勢利**　權勢和財利。

❺**不敢**　指不能、不應該。

❻**天理**　天道；自然法則。

❼**地勢**　地位權勢。

❽**自然**　自然而然、順理成章的意思。

【語　譯】

擁有尊崇的名望和高貴的地位，即使品德、才幹不及父輩，也不必擔心人們不來親近自己；如果處在無權無勢的貧賤地位，即使德行高潔，才幹超群，也不必擔心人們不會疏遠自己。由此看來，是親近還是疏遠，是由有無權勢和財利來決定的，而不是由是否不肖或仁賢來決定的。對這種現象，我不敢據而以為是天然的法則，而認為只不過是因社會上對權勢財利的敬畏心理而自然而然產生的情況罷了。

今天地之間，不肖實眾，仁賢實寡。趨利之情❶，不肖特厚；廉恥之情❷，仁賢偏多。今以禮義招仁賢，所得仁賢者，萬不一焉❸；以名利招不肖，所得不肖者，觸地是焉❹。故曰：禮義成君子❺，君子未必須❻禮義；名利治小人，小人不可無名利。

【章旨】

從不肖之徒和仁賢之士對勢利、廉恥的不同態度，和普天之下仁賢之士寥寥無幾，而不肖之徒卻遍地皆是的社會現實出發，得出「禮義成君子，君子未必須禮義；名利治小人，小人不可無名利」的道理。

【注　釋】

❶趨利之情　追求、嚮往權勢和財利的欲望。
❷廉恥之情　對廉潔知恥的品德追求。
❸萬不一焉　在一萬個人裡面還招攬不到一個。
❹觸地是焉　遍地都是；到處都是。
❺禮義成君子　禮義造就了君子。成，成就；造就。
❻須　通「需」。需要。

【語　譯】

現在，普天之下，不肖之徒實在很多，而仁賢之士卻又實在很少。追求、嚮往權勢和財利的欲望，不肖之徒是特別地濃厚，而對廉潔知恥的品德追求，又以仁賢之士為多。現在，如果以禮義來招攬仁賢之士，所得到的仁賢之士在一萬個人裡面還找不到一個，而如果以名利來招攬不肖之徒，那麼得到的不肖之徒將會到處都是。所以說：禮義雖然造就了君子，但君子卻未必需要禮義；名利雖然是管理小人的手段，但小人卻不能沒有名利。

慶賞刑罰，君事也；守職效能❶，臣業也。君料功❷黜❸陟❹，故有慶賞刑罰；臣各慎所務❺，故有守職效能。君不可與❻臣業，臣不可侵君事。上下不相侵與，謂之名正。名正而法順❼也。

【章旨】

慶賞刑罰是君王的職權，守職效能是臣下的職責。只要君臣上下各安職守，互不侵擾、干預，就能使君臣的名分得到端正，國家的法令就能得到暢通無阻的貫徹執行。

【注釋】

❶效能　盡心盡力地工作，恪盡職守。

❷料功　審查核算臣下的工作效果、工作成績。

❸黜　降職罷官。

❹陟　昇官晉爵。

❺各慎所務　各人謹慎地從事自己職責範圍內的工作。

❻與　參與。指君王參與和干涉臣下的工作。

❼名正而法順　君臣上下都按名分的要求、規定來辦事，那麼國家的法令也就會得到通暢無阻的貫徹實行。

【語　譯】

獎賞、鼓勵有功之士，處罰犯有罪錯的人，那是應該由君王掌握的職權；恪盡職守，盡心盡力地工作，那是臣下應該做到的事情。君王根據對臣下的工作效果、工作成績的審查核算，作出有的給予降職罷官，有的予以昇官晉爵的不同決定，所以有「慶賞刑罰」之說；臣下各自謹慎地從事自己職責範圍內的工作，所以又有「守職效能」之說。君王不可以參與、干涉臣下的工作，臣下也不應該去侵犯、干預君王的職權。如果君臣上下能夠互不干擾，各安職守，就叫做端正了名分的上下關係。如果君臣上下能夠按照名分的要求和規定來進行工作，那麼，國家的法令的貫徹、實行就會暢通無阻了。

接萬物使分，別海內使不雜❶，見侮不辱❷，見推不矜❸，禁暴息兵❹，救世之鬥❺。此仁君之德，可以為主矣。守職分使不亂，慎所任而無私，饑飽一心❻，毀譽同慮❼，賞亦不妄❽，罰亦不怨❾。此居下❿之節⓫，可以為人臣矣。

【章　旨】

作者在本章就仁君、賢臣應該具備的仁德和操守提出了自己的看法。認為仁君應當注重德政，而臣下則應恪守節操，始終如一，謹事忠君。

【注釋】

❶接萬物使分二句　據王啟湘著《周秦名家三子校詮》：兩句均當六字為句，蓋「分」字之上，或「別」字之下，脫去一字。則這兩句似當作「接萬物使□分，別海內使不雜」或「接萬物使分別，□海內使不雜」。接萬物，認識萬物。海內，境內；國內。使不雜，使君臣上下關係不相侵雜。

❷見侮不辱　受人欺侮，不以為恥辱。

❸見推不矜　被人推重，不驕傲自大。推，推重。矜，自大；狂傲。

❹禁暴息兵　禁止暴力，止息爭鬥。兵，兵器；武器。引申為爭鬥。

❺救世之門　消除世間的紛爭。救，救治。引申為消除。

❻饑飽一心　無論忍饑挨餓還是飽暖，自己的心志都始終如一。

❼毀譽同慮　無論受到讚揚還是遭受詆毀，都不改變自己的志向。

❽賞亦不妄　不因蒙受賞賜而得意忘形，驕傲自滿。

❾罰亦不怨　不因遭受處罰而生出怨恨之心。

⑩居下　居下者。指臣下、臣屬。

⑪節　節操；操守。

【語　譯】

認識世間萬物並使萬物互相區分，不相混同，區別境內各色人等並使君臣上下關係不相侵雜。受到欺侮不以為恥辱；被人推重，不因而驕傲自大；禁止暴力，止息爭鬥；消除世間的紛爭。這是富有仁愛之心的君王應有的德政，君王如果能這樣做，那他就可以作為普天之下的共主了。恪守自己的職責而不互相混亂，謹慎負責地完成承擔的工作，而沒有私心；不因饑餓或飽暖而改變自己的心志，不因受到讚揚或遭到詆毀而改變自己的志向，也不因蒙受賞賜而得意忘形，驕傲自滿；不因遭受處罰而心生怨恨之念。這是居於下位的臣下應有的操守。如果臣下能夠這樣做，那他就可以去做臣下了。

世有違名以得實，亦有因名以失實者❶。

【章　旨】

本章總論世間存在的「違名而得實，因名而失實」現象，並以以下齊宣王好射、黃公醜女、楚人販雉和魏田父獻玉四章所述諸事為例來論證，強調要因名以檢其實，使之名實相符。為以下四章的總綱。

【注　釋】

❶世有違名以得實二句　底本原作「世有因名以得實，亦有因名以失實者」。據王啟湘《周秦名家三子校註》和其下「黃公醜女」章結論及四章語意而改。

【語　譯】

世人有根據名稱、名義去求證實際而得到實際真實證實的，也有根據名稱、名義去求證實際反而得不到實際真實的證實的。

齊宣王❶好射，說人之謂己能強也❷，其實所用〔弓〕不過三石❸，以示左右❹，左右皆引❺試之，中關❻而止，皆曰：「此不下九石，非大王孰能用是❼？」宣王悅之。然則宣王用不過三石，而終身自以為九石。三石，實也，九石，名也。宣王悅其名而喪其實。

【章旨】

本章以齊宣王悅九石虛名而失三石實情的事例來論證前章總論中「因名以失實」的結論。

【注釋】

❶齊宣王　戰國時齊國的國君。嬀姓，田氏，名辟疆。

❷說人之謂己能強也　喜歡別人稱讚他能夠使用硬弓。說，通「悅」。喜歡。強，硬弓。

❸石　古重量單位。一石為一百二十斤，此為表示弓力大小的單位名稱。所以有三石、九石之說。

❹左右　指齊宣王身旁的近侍、近臣。

❺引　拉；開弓。

❻中關　把弓拉開到一半。關，通「彎」。把弓拉開。

❼孰能用是　誰能夠使用這樣的硬弓。孰，誰。是，這。指弓。

【語譯】

齊宣王愛好射箭，喜歡別人稱讚他能夠使用硬弓。實際上，齊宣王所使用的弓弓力並沒有超過三石。宣王把他所用的弓拿給身邊的近侍、臣下看，這些近侍、臣下都試著來拉這張弓，只拉開一半就都收力停了下來，說：「這張弓的弓力不下九石，不是大王誰還能使用它呢？」宣王聽了很高興。但是，宣王所用的這張弓弓力並沒有超過三石，而他卻終身都自以為弓力有九石之多。弓力只有三石是實情，所謂弓力九石只是虛名而已。齊宣王喜愛這個虛名反而喪失了它的真實。

齊有黃公者，好謙卑❶。有二女，皆國色❷。以其美也，常謙辭❸毀之❹，以為醜惡❺。醜惡之名遠布❻，年過❼而一國無敢聘❽者。衛❾有鰥夫❿失時⓫，冒⓬娶之，果⓭國色。然後曰：「黃公好謙，故⓮毀其子⓯。妹必美⓰。」於是爭禮之⓱，亦國色也。國色，實也；醜惡，名也。此違名而得實矣。

【章旨】

本章援引齊人黃公二女長得極美之實和所謂長相醜陋不堪之名以及衛國鰥夫冒冒失失地娶之，竟然是位美若天僊的美女這樣名不副實的事例，論證前章「違名以得實」的道理。

【注釋】

❶謙卑　謙遜退讓，甘居人後。

❷國色　一國中最美麗的女子。有「國色天香」之詞。

❸謙辭　謙卑的話；客氣話。

❹毀之　貶損、貶低她們。

❺醜惡　指容貌醜陋，長相難看。

❻遠布　傳播得很遠、很廣。布，傳布；傳播。

❼年過　超過了該結婚的年齡。與下文「失時」意思相仿。

❽聘　下聘禮；定親；訂婚。

❾衛　衛國。周諸侯國，在今河南一帶。

❿鰥夫　年老無妻或喪妻的男子。但以其前「年過」和其後「失時」關聯考之，似當指超過了結婚年齡的男子。

⓫失時　錯過了較佳的結婚年齡。
⓬冒　冒失；冒然。
⓭果　果然。這裡還含有出乎意料的意思。居然；竟然。
⓮故　故意。
⓯子　指女兒。
⓰姝必美　原作「不姝美」。厲時熙《尹文子簡注》作「姝必美」。本章開頭有二女云云，此「不姝美」作「姝必美」，似亦有理，因據以校改。
⓱爭禮之　爭著向黃公的另一位女兒下聘禮，去求婚。

【語　譯】

齊國有一個叫黃公的人，平時待人很謙恭，甘居人後，生有二個女兒，都有傾國傾城之貌。黃公因為她們長得漂亮，常常用客氣話來加以貶低，說她們長相難看，容貌醜陋。因而使得她們長得醜陋難看的名聲傳播得很遠、很廣，以致於她們超過了結婚的年齡，齊國境內竟然沒有人敢來下聘禮定親。衛國有一個鰥夫，也錯過了結婚的年齡，很冒失地娶了黃公的女兒，居然是位國色天香的美女。然後人們就說：「黃公平日為人謙恭下人，故意貶損他的女兒。她的妹妹也必定很美麗。」於是，人們都爭先恐後地來下聘禮定親，另一個女兒也果然是位國色天香的麗人。黃公的二個女兒長得非常漂亮，是實情，所謂她們容貌醜陋，只是虛妄的名聲。這是違反其虛妄的名聲反而求得真實的事例。

楚人〔有〕擔❶山雉❷者，路人問：「何鳥也？」擔雉者欺之，曰：「鳳凰也。」路人曰：「我聞有鳳凰，今直見之❸，汝販❹之乎？」曰：「然。」則請買十金，弗與。請加倍，乃與之。將欲獻楚王，經宿❺而鳥死。路人不遑❻惜其金，惟恨❼不得以獻楚王。國人傳之，咸以為真鳳凰，貴欲以獻之❽。遂聞楚王❾。感其欲獻於己，召而厚賜之，過於買鳥之金十倍。

【章　旨】

本章再從楚國路人被挑山雞者欺騙，因慕鳳凰之名而以二十金重價卻只購得一隻普普通通的山雞，楚王又因讚賞路人的忠君之念及慕鳳凰之名，竟賜以二百金的典型事例，說明「因名而失實」的道理和虛名對人們的欺騙性。

【注　釋】

❶擔　肩挑。

❷山雉　山雞。

❸今直見之　只是今天才看到。直，僅僅；只是。

❹販　賣。

❺經宿　過了一夜。宿，夜。

❻不遑　不暇；來不及。
❼恨　遺憾。
❽貴欲以獻之　讚賞他（路人）想把「鳳凰」獻給楚王的想法。
❾遂聞楚王　於是這件事就讓楚王聽說了。

【語　譯】

楚國有一個人肩挑山雞，過路人問他道：「這是什麼鳥？」挑著山雞的人騙他說：「這是鳳凰啊。」路人說：「我聽說是有鳳凰的，只是今天才頭一次見到，你賣嗎？」「好啊！」挑山雞的人回答道。路人便提出十金的價格，挑山雞的人卻不肯出賣。接著再加倍到二十金，挑山雞的人才賣給路人。路人想把這隻「鳳凰」獻給楚王。不料過了一夜，「鳳凰」就死了。路人還沒有來得及可惜他付出的重金，只是遺憾沒有機會把它獻給楚王。楚國人到處傳揚此事，都以為是真的鳳凰，都很讚賞路人想把「鳳凰」獻給楚王的想法。於是楚王也聽說了這件事，深為路人想把「鳳凰」獻給自己而感動，下令召見路人，並賜給豐厚的錢物，遠遠超過路人當時買鳥之金的十倍。

魏❶田父❷有耕於野者，得寶玉徑尺❸。弗知其玉也，以告鄰人。鄰人陰欲圖之❹，謂詐之曰：「怪石也。畜之❺，弗利其家，弗如復之❻。」田父雖疑，猶錄以歸❼。置於廡下❽。其夜玉明，光照一室，田父稱家❾大怖，復以告鄰人。鄰人曰：「此怪之徵，遄棄❿，殃可銷⓫。」於是遽⓬而棄於遠野⓭。鄰人無何⓮盜之，以獻魏王。魏王召玉工相⓯之。玉工望之，再拜而卻立⓰，敢⓱賀曰：「王得此天下之寶，臣未嘗見。」王問價，玉工曰：「此玉無價以當之。五城之都，僅可一觀⓲。」魏王立賜獻玉者千金，長食⓳上大夫⓴祿㉑。

【章旨】

本章以魏國田父得玉為鄰人所欺詐蒙騙，信為將帶來災殃的怪石而棄之遠野，最終卻被鄰人所得，以獻魏王，竟得千金重賞和長食上大夫俸祿之福為事例，仍以「因名失實」為言，繼續論述自己的名實關係之論。但已有是非之斷，與其後各章內容相承啟。

【注釋】

❶魏　魏國。戰國時七大諸侯國之一。

❷田父　農父；農民。

❸徑尺　長達一尺。

❹陰欲圖之　暗地裡想謀取這塊寶玉。陰，暗地裡。圖，圖謀；謀取。

❺畜之　把它藏起來。畜，同「蓄」。儲藏；收藏。

❻弗如復之　不如把它放回原處去。復，還；返。

❼猶錄以歸　還是把它拿回了家。

❽廡下　古代堂屋周圍的廊房、側屋。

❾稱家　全家；合家；舉家。

❿遄棄　趕快丟棄掉。

⓫殃可銷　可以銷除災殃，免掉禍害。

⓬遽　急忙；馬上。

⓭遠野　僻遠的郊野。

⓮無何　沒多久；沒有多少時間。

⓯相　察看；鑑定。

⓰卻立　退後幾步站著。表示恭敬。

⓱敢　冒昧。謙詞。

⓲五城之都二句　以五座城池這樣昂貴的代價，也只能看它一眼。表示這塊寶玉無法以價格來衡量它。

⓳食　受用；享受。

⓴上大夫　爵位名稱。高於中大夫，低於卿，屬於較高層次的爵位。

㉑祿　俸祿。

【語譯】

魏國有位農夫在田野耕作時得到了一塊一尺來長的寶玉，卻不知道所得到的是一塊寶玉，告訴他的鄰居。鄰人暗地裡圖謀獲得這塊寶玉，就騙農夫說：「這是塊怪石，如果把它藏在家裡，會對家宅不利，還不如把它放回原處去。」農夫雖然對鄰人的話心存懷疑，但還是把它拿回了家，把寶玉放在廊屋裡，當天晚上，寶玉發出光明，清輝照亮了整個房間，農夫全家都非常害怕，又再次告訴了鄰人。鄰人說道：「這就是怪石不利於家宅的預兆，趕快把它丟掉，這樣才可以消除禍殃。」於是，農夫就急急忙忙地把這塊寶玉丟棄在僻遠的郊野。但沒過多久，卻被鄰人盜得，鄰人把寶玉獻給了魏王。魏王召玉工來進行鑑定。玉工遠遠地看見了這塊寶玉，就必恭必敬地朝它拜了又拜，退後幾步站著，謙遜地向魏王祝賀說：「大王得到了這個天下之寶，臣下還不曾見過這麼寶重的寶玉。」魏王問這塊玉值多少錢，玉工回答說：「這塊寶玉是無法用價格來衡量計算的，是無價之寶。即使是以五座城池這樣高昂的代價，也只能看它一眼而已。」魏王立刻賜給獻玉的人（農夫的鄰人）千金，並讓他長期享受上大夫的俸祿。

凡天下萬里，皆有是非❶，吾所不敢誣❷；是者常是，非者常非，亦吾所信。然是雖常是，有時而不用❸；非雖常非，有時而必行❹。故用是而失，有矣；行非而得，有矣。是非之理不同，而更興廢❺，翻❻為我用，則是非焉在哉？

【章　旨】

本章表明了作者對是非標準混亂的社會現象進行思考分析之後的是非觀，富有哲理，給後人以思想的啟迪。

【注　釋】

❶是非　對和錯；正確和謬誤。
❷誣　欺隱。
❸不用　不被施行。
❹必行　能夠暢通無阻。
❺更興廢　此興彼廢，交相更替。更，更迭；更替。
❻翻　更翻；交替。

【語　譯】

普天之下，都是有是非、對錯之分的，這一點是我決不敢欺隱的。「是」的總歸是要肯定的，「非」的總歸是要否定的，這也是我所深信不疑的。但是，「是」雖然總是應該得到肯定的，但有時卻行不通，「非」雖然總是應該被否定的，但有時卻能夠通行無阻。所以，有按照「是」的標準去做卻遭致失敗的，也有按著「非」的手段去做卻反而有所收獲的。「是」與「非」各不相同，這個道理十分明顯，卻此與彼替，更翻為人所用。這樣看來，哪裡又分什麼是非呢？

觀堯❶、舜❷、湯❸、武❹之成，或順❺或逆❻，得時❼則昌❽。桀❾、紂❿、幽⓫、厲⓬之敗，或是或非，失時⓭則亡。五伯之主亦然⓮。

【章　旨】

本章透過對堯、舜、湯、武與桀、紂、幽、厲的成敗史實的對比，得出：得時則昌，失時則亡的經驗總結，進一步論述是非觀，富有進步意義。為以下三章所述宋襄公、齊桓公、晉文公史事的總綱。

【注　釋】

❶堯　古帝名。在位時，施行德政，人民安樂，後禪位給舜。

❷舜　古帝名。受堯禪位而有天下，國號虞，後禪位給禹。

❸湯　即商湯。約於西元前十六世紀滅亡夏桀，為商朝開國君主。

❹武　即周武王。約於西元前十一世紀誅滅商紂，為西周的開國君主。

❺順　指用禪讓的方式傳承君位。

❻逆　指用征討、戰爭的方式奪取君位。

❼得時　指順應時勢，順應民心。

❽昌　興旺；昌盛。

❾桀　即夏桀。為夏朝末代君王，為商湯所滅。

❿紂　即商紂王。為商的末代君王，為周武王所滅。

⓫幽　即周幽王。西周的末代君王，西元前七七一年為西戎所滅。

⓬厲　即周厲王。西周的君王，因實行暴政，西元前八四一年激起「國人暴動」，被推翻。

⓭失時　與「得時」相對。指背離、違逆了時代潮流。

⓮五伯之主亦然　春秋五霸的興衰強弱也同樣是這個道理。五伯，即春秋五霸。春秋五霸：齊桓公、晉文公、楚莊王、秦穆公、宋襄公。一說：齊桓公、晉文公、楚莊王、吳王闔閭、越王句踐。

【語　譯】

觀察唐堯、虞舜、商湯和周武王成功地取得共主的地位或奪得政權的方式，雖然有的是以禪讓的形式，有的是用征討、戰爭的形式，但由於順應了時勢，順應了民心，所以都獲得了成功。夏桀、商紂王、周幽王、周厲王他們所做的事，雖然有的是正確的，有的是錯誤的，但因為他們背離了時勢，違逆了民心，所以都遭到了失敗。春秋五霸的興衰強弱變化也同樣是這個道理。

宋公❶以❷楚人戰於泓❸，公子目夷❹曰：「楚眾我寡，請其未悉濟❺而繫之。」宋公曰：「不可！吾聞不鼓不成列❻。寡人❼雖亡國之餘❽，不敢行也。」戰敗，楚人執❾宋公。

【章　旨】

本章以宋襄公在與楚國的戰爭中大講仁義道德之「是」，痛失致勝良機，遭到慘敗之「非」，說明世間是非觀之混亂，論證前章總綱「用是而失，有矣」的結論。

【注　釋】

❶宋公　即宋襄公。春秋時宋國的國君。子姓，名茲父。

❷以　與。

❸泓　古河流名。故道在今河南柘城西北。西元前六三八年，宋楚兩軍戰於此，楚軍大勝。史稱「泓之戰」。事見《左傳・僖公二十二年》。

❹公子目夷　即子魚。宋襄公的庶兄，時任大司馬。

❺未悉濟　沒有全部渡過河。濟，渡河。

❻不鼓不成列　不進攻沒有排好戰陣的軍隊。古人打仗以擂鼓為進攻信號，以鳴金為收兵信號。故有「不鼓不成列」之說。

❼寡人　國君的自稱。

❽亡國之餘　宋為商族後裔，商為周所滅，故宋襄公自稱「亡國之餘」。餘，餘緒；後裔。

❾執　俘獲；俘虜。

【語譯】

宋襄公與楚軍在泓水地區展開戰爭。公子目夷（子魚）獻計說：「楚軍人多勢眾，而我軍則勢單力弱，請允許在楚軍還沒有全部渡河時就下令攻擊他們。」宋襄公說：「不可以！我聽說，不應該攻擊還沒有列成戰陣的軍隊，我雖然只是已經亡國的商族的後裔，也不應該這樣做。」宋軍被打敗，楚軍俘獲了宋襄公。

齊人弒襄公，立公孫無知❶。召忽❷、夷吾❸奉公子糾奔❹魯❺，鮑叔牙❻奉公子小白奔莒❼。既而❽，無知被殺，二公子❾爭國❿。糾，宜立者也⓫；小白先入，故齊人立之。既而，使魯人殺糾，召忽死之⓬，徵⓭夷吾以為相。

【章旨】

本章以齊桓公用不正當手段殺死公子糾，爭得齊國國君君位，「行非而得」的歷史事實為例，對世俗的是非觀提出質疑。與前章述宋襄公「行是而失」形成鮮明對照，又與下章晉文公「行非而得」相應照。

【注釋】

❶齊人弒襄公二句　事見《左傳・莊公八年》（西元前六八六年）。無知聯絡連稱、管至父等發動政變，殺死齊襄公及襄公的各公子，無知自立為齊君。弒，下位的人殺長上。襄公，即齊襄公。春秋時齊國國君，姜姓，呂氏，名諸兒。

❷召忽　春秋時齊國大夫。

❸夷吾　即管仲。他先侍奉齊公子糾，後輔佐公子小白（齊桓公），使之成為諸侯的盟主，春

秋五霸之一。

❹奔　逃亡。

❺魯　古國名。在今山東曲阜一帶。

❻鮑叔牙　春秋時齊國大夫。

❼莒　古國名。在今山東莒縣一帶。

❽既而　沒多久。

❾二公子　即公子糾和公子小白。

❿爭國　爭做齊國的國君。

⓫糾宜立者也　公子糾和公子小白都是齊襄公的弟弟，糾之母為魯女，小白之母衛女，魯貴，故糾當立。

⓬召忽死之　召忽為此而自殺身亡。

⓭徵　徵召。

【語　譯】

齊國有人殺死了國君齊襄公，立公子無知為君主。齊大夫召忽、夷吾侍奉公子糾逃到魯國，鮑叔牙侍奉公子小白逃到莒地。沒過多久，無知被殺，公子糾與小白爭做國君。公子糾是應該被立為國君的，但公子小白搶先回到了齊國，所以齊國人就立他為國君了。不久，公子小白讓魯國人殺死了公子糾，召忽因而自殺身亡。小白又徵召夷吾為相。

晉文公❶為驪姬❷之譖❸，出亡十九年❹。惠公❺卒，賂❻秦以求反國❼，殺懷公❽而自立。

【章　旨】

本章述晉文公出亡後，為謀取晉國君位，以賄賂秦國，殺死懷公的不正當手段，卻獲得成功的史實，既與前幾章宋襄公、齊桓公事相呼應，又為下章的評論作鋪墊。

【注　釋】

❶晉文公　春秋時晉國的國君。為春秋五霸之一，姬姓，名重耳。
❷驪姬　晉獻公的寵姬。
❸譖　進讒言誣陷。西元前六五六年，驪姬向晉獻公誣告太子申生、公子重耳等謀反，致使申生自殺，重耳等出亡他國。
❹出亡十九年　公子重耳自西元前六五六年出亡，到前六三七年返國，共計流亡十九年。
❺惠公　春秋時晉國國君。姬姓，名夷吾。晉獻公之子，公子重耳之弟。
❻賂　賄賂。
❼反國　返回晉國。反，同「返」。
❽懷公　春秋時晉國國君。姬姓，名圉，晉惠公之子。

【語　譯】

晉文公因為晉獻公寵姬驪姬進讒言誣告陷害，被迫流亡國外達十九年之久。晉惠公死後，他賄賂秦國國君以求得秦國對他返回晉國謀取君位的支持。他回到晉國後，殺死晉懷公，而自立為晉國國君。

彼一君正，而不免於執；二君不正，霸業遂焉。己是❶而舉世❷非之，則不知己之是；己非而舉世是之，亦不知己所之非。然則是非隨眾而為正❸，非己所獨了❹。則犯眾者為非，順眾者為是。故人君處權乘勢❺，處所是之地，則人所不得非也。居則物❻尊之，動則物從之，言則物誠❼之，行則物則❽之，所以居物上，御群下也。

【章旨】

本章為前五章的總結，以前述四章史實為例證來論說作者對世俗是非標準提出的質疑，認為應當以大多數人的是非標準作為取捨的準則，而不能僅僅以某個個人的意志來判別，來區分。

【注釋】

❶己是　己以為是；自己以為是正確的。

❷舉世　舉世之人；整個世上的人。

❸是非隨眾而為正　是和非的標準應當以大多數人的是非觀來確定。

❹非己所獨了　不是以自己個人的意志所能判別弄明白的。了，判別；明白。

❺處權乘勢　擁有權勢，掌握政權。

❻物　指眾人。此句以下各句之「物」皆與此同義。

❼誠　誠信。完全信賴，沒有任何懷疑。

❽則　仿效；效法。

【語　譯】

可是，那一位君王（指宋襄公）行事光明正大，合乎仁義道德，卻不能避免被俘虜的結局；而那兩位君王（齊桓公、晉文公）行事不光明、不正當，卻成就了他們的王霸大業。自己做得正確的而遭到世上所有人的批評、責難，也就不再明白自己原來所做的是正確的；自己所做的是錯誤的而受到世上所有人的讚揚、支持，也就不再明白自己原來所做的是錯誤的。這樣說來，是和非的標準是應當根據大多數人的意見、大多數人的是非觀來確定的，而不是以自己一個人的意志所能判別和弄清楚的。也就是說，違反了大多數人的意志的便是「非」，順應了大多數人的意志的才是「是」。所以人君掌握政權，擁有權勢，做得到大多數人肯定贊同的事，那麼他就不會受到人們的批評非議。這樣，人君安居不動，人們就會尊奉崇敬他；他稍有行動，人們就會跟隨他；他開口說話，人們就會完全相信他；他的行為、動作，人們都會去摹仿效法。這就是人君之所以能夠處於眾人之上而能統治臣民的法術。

國亂有三事：年饑民散，無食以聚之，則亂；治國無法，則亂；有法而不能用，則亂。有食以聚民，有法而能行，國不治，未之有也[1]。

【章　旨】

本章總論導致國家大亂的三大原因，又將全文主旨回復到全文開頭「道不足以治則用法，法不足以治則用術，術不足以治則用權，權不足以治則用勢」四句話上。前後照應，自成體系。

【注釋】

❶未之有也　即未有之也。意謂這樣的情況是從來沒有發生過的。

【語譯】

造成國家大亂有三大原因：如果年成不好，百姓挨餓逃散，卻沒有糧食用來聚集他們，國家就會大亂；如果治理國家沒有法規作依據，國家就會發生混亂；如果雖然有了法規卻得不到切實的實行，那麼國家也就會發生混亂。如果有糧食用來聚集饑民，有法規而且又能切實實行，而國家卻得不到治理，這樣的事是從來不曾聽說過的。

大道下 ㄉㄚˋ ㄉㄠˋ ㄒㄧㄚˋ

【題解】

〈大道下〉為《尹文子》的下篇，約占全書三分之一的分量，共分十九章。〈大道下〉無論是思想脈絡，還是語體文氣，都是〈大道上〉的繼續和補充，繼續申述上篇關於仁義禮樂、名法刑賞這八項五帝三王治國平天下的法寶，以及關於等級名分、君子小人與君臣上下的關係等方面的議論。與上篇一樣，也有許多語重心長的警句格言足以啟迪後人。如指出佞辯善媚者之所以能夠運用「探人之心，度人之欲，順人之嗜好而不敢逆，納人於邪惡而求其利」的種種手段，以達到滿足自己私欲的目的，其原因就在於人們「喜聞己之美，惡聞己之過」。可謂鞭辟入裡，入木三分，令人時時警惕。又如君王應當主宰統制臣下百姓的富貴貧賤的議論，「無使民自貧富」，要「使由爵祿而後富，則人必爭盡力於其君矣；由刑罰而後貧，則人咸畏罪而後從善矣」。

下篇有一個不同於上篇的顯著特點，那就是作者運用寓言故事來說理，借用歷史上名人、名君之口以言事，如田駢、宋鈃、彭蒙、老子、堯、舜，或子虛烏有式的人物如莊里丈人、康衢長者、鄭人、周人等等，與上篇幾乎通篇說理不同，具有文學情采，增強了文章的可讀性和感染力。

仁❶義❷禮❸樂❹，名❺法❻刑❼賞❽，凡此八者，五帝❾三王❿治世之術也。故仁以道⓫之，義以宜之⓬，禮以行⓭之，樂以和⓮之，名以正⓯之，法以齊⓰之，刑以威⓱之，賞以勸⓲之。故仁者，所以博施於物⓳，亦所以生偏私⓴；義者，所以立節行㉑，亦所以成華偽㉒；禮者，所以行恭謹㉓，亦所以生惰慢㉔；樂者，所以和情志㉕，亦所以生淫放㉖；名者，所以正尊卑，亦所以生矜篡㉗；法者，所以齊眾異㉘，亦所以乖名分㉙；刑者，所以威不服，亦所以生陵暴㉚；賞者，所以勸忠能㉛，亦所以生鄙爭㉜。凡此八術，無隱於人而常存於世，非自顯於堯、湯之時，非自逃於桀、紂之朝。用得其道，則天下治；用失其道，則天下亂。過此而往㉝，雖彌綸㉞天地，籠絡萬品㉟，治道之外，非群生㊱所餐挹㊲，聖人錯㊳而不言也。

【章旨】

此為〈大道下〉篇首章，繼續申述上篇關於仁義禮樂，名法刑賞這八項五帝三王治理天下的法寶的未盡之意。指出這八項治世法寶必須運用得當，才能達到天下大治。

不然，它們也極易導致偏私、華偽、惰慢、淫放、矜篡、鄙爭以及乖名分、生陵暴等不良情況的出現。並指出了聖人應取的態度。

【注　釋】

❶仁　仁愛。指古代一種含義極廣的道德規範。如孔子所說的「仁」，包括恭、寬、信、敏、惠、智、勇、忠、恕、孝、悌等內容，而以「己所不欲，勿施於人」為實行方法。

❷義　正義。指思想行為符合一定的道德規範、道德標準。

❸禮　禮儀制度。

❹樂　音樂和音樂制度。

❺名　名分；名義。

❻法　法律；法令；法規。

❼刑　刑罰；處罰。

❽賞　獎賞；稱揚。

❾五帝　傳說中遠古時代的五位帝王。有三種說法：(1)黃帝、顓頊、帝嚳、唐堯、虞舜。(2)太

皞（伏羲）、炎帝（神農）、黃帝、少皞、顓頊。(3)少昊（皞）、顓頊、高辛（帝嚳）、唐堯、虞舜。

❿三王　指夏禹、商湯、周文王和周武王。

⓫道　疏導；引導；教導。

⓬義以宜之　用「義」教誨人們，使他們做合乎自身名分的事。所以相傳為宋銒、尹文學派代表作之一的《管子・心術》有「義者，謂處其所宜也」之語。

⓭行　規範；推行。

⓮和　調和；調合。

⓯正　調整；端正。

⓰齊　使之整齊、統一。

⓱威　尊嚴。使他們懂得要有自尊。

⓲勸　勸勉。

⓳博施於物　廣博地施惠於眾人。物，眾人；一般的人。

⓴偏私　袒護私情，對人對事不公正。

㉑節行　指堅守社會倫理道德原則的品性、行為。

㉒華偽　弄虛作假；虛浮詐偽。

㉓恭謹　恭敬；謹慎；兢兢業業。

㉔惰慢　懈怠輕慢；漫不經心。

㉕情志　情感志趣。

㉖淫放　縱欲放蕩，不加任何約束。

㉗矜篡　矜伐自己的功績和才能，篡權奪位。

㉘齊眾異　統一眾人的思想、行為。

㉙乖名分　違背尊卑的名分要求。

㉚陵暴　欺凌他人，對人橫暴。

㉛忠能　忠誠賢能之士。

㉜鄙爭　貪欲和紛爭。

㉝過此而往　除此之外。此，指仁義禮樂、名法刑賞八種治國之術。

㉞彌綸　包容；統攝；包括。

㉟籠絡萬品　控制萬物。

㊱群生　眾生；普天下的人們。

❸⓻餐挹　吸收、採納。

❸⓼錯　通「措」。處置。

【語　譯】

仁、義、禮、樂、名、法、刑、賞這八樣東西是遠古時代五帝三王用來治理天下的法寶。所以，要用仁愛思想來教導人們，要用道義來使人們做與自身名分相符合的事，要用禮儀來規範人們的行為，要用音樂來調和人們之間的關係，要用名分觀念來端正人們之間不同的等級身分，要用法律來統一人們的所作所為，要用刑罰讓人們懂得自尊，要用獎賞來勸勉人們樂善好施。所以，仁愛思想是可以用來廣博地施恩惠於大眾的，但也容易產生偏袒私情，有失公正的現象；道義是可以用來促使人們樹立堅定的道德品性和行為的，但也容易造成虛偽欺詐、浮華不實的情況；禮儀是可以用來促使人們恭敬謹慎、兢兢業業地對人行事，但也容易造成對人對事懈怠輕慢、漫不經心的態度。音樂是可以用來調和人們的思想情感，但也會造成縱欲放蕩，不加任何節制的結局；名分、等級是用來嚴格區分人們之間的身分等級的，但也容易產生誇耀自己的才幹和功績，乃至篡位奪權的行為；法律是用來統一人們的所作所為的，但也會造成違背尊卑等級名分的情況發生；刑罰是用來威懾那些不服管理的人的，但也容易產生欺凌弱小、橫暴他人的情況；獎賞是用來勸勉鼓勵那些忠心耿耿而又很有才幹之士的，但也容易刺激人們對物質的貪欲和爭競之心。所有這八件治世法寶，一點也沒有隱藏在人們的背後，而是明明白白地常存世間的，既沒有自己彰顯於唐堯、商湯這樣天下大治的時代，也沒有自己逃匿於夏桀、商紂這樣天下大亂年代。如果運用得當，符合大多數人的利益，那麼就會天下大治；如果運用不當，違背大多數人的意志，那麼就會天下大亂。雖然治國平天下的方法除這八件法寶而外，還另有許多包容天地、控御世間萬物的法術，但它們終究是治道以外的事，不是大多數人所樂意採用的，所以聖人對此是棄置一邊，不加理睬的。

凡國之存亡有六徵❶：有衰國、有亡國、有昌國、有強國、有治國、有亂國。所謂亂、亡之國者，凶虐❷殘暴不與焉❸；所謂強、治之國者，威力❹仁義不與焉。君年長，多媵妾❺，少子孫，疏❻宗族，衰國也；君寵❼臣，臣愛❽君，公法廢，私欲行，亂國也；國貧小，家❾富大，君權輕，臣勢重，亡國也。凡此三徵，不待凶虐殘暴而後弱也，雖曰見存❿，吾必謂之亡者也。內無專寵⓫，外無近習⓬，支庶⓭繁字⓮，長幼不亂⓯，昌國也；農桑以時⓰，倉廩⓱充實，兵甲勁利⓲，封疆⓳修理⓴，強國也；上不勝㉑其下，下不犯㉒其上，上下不相勝犯，故禁令行，人人無私，雖經險易㉓，而國不可侵㉔，治國也。凡此三徵，不待威力仁義而後強，雖曰見弱㉕，吾必謂之存者也。

【章旨】

本章分項闡述了造成治國、昌國、強國與衰國、亂國、亡國的不同原因，並以一組鮮明對比增強了文章的說服力，使觀點鮮明，結構嚴整，說理透闢。

【注釋】

❶徵　徵兆；預兆；表徵。
❷凶虐　凶惡暴虐的人。
❸不與焉　不包括在內。焉，語助詞。
❹威力　具有懾服人的威力。
❺媵妾　指陪嫁的姬妾侍婢之類的女子。古代諸侯嫁女，常派同姓女子陪嫁，叫做「媵」。
❻疏　疏遠。
❼寵　寵幸。
❽愛　親昵。
❾家　與「國」相對。指大夫、家臣。
❿見存　現在存在著。
⓫專寵　指獨占君王寵愛的姬妾嬪妃。

⑫近習　猶近臣。帝王身旁的親信。此指君王親狎愛昵信任的宮廷侍臣。
⑬支庶　旁支。指嫡長子以外的諸子。
⑭字　養育。
⑮長幼不亂　尊卑長幼的身分名位不發生混亂。
⑯農桑以時　按時農耕，及時採桑養蠶，不錯過時機。農桑，農耕與蠶桑。指耕織。
⑰倉廩　貯藏米穀的糧倉。
⑱兵甲勁利　軍隊堅強有力，武器鋒利。
⑲封疆　疆界；邊疆。
⑳修理　治理得好。
㉑勝　牽制；干涉。
㉒犯　侵犯；冒犯。
㉓險易　險難困厄。險，險難；險阻。易，便易；平坦。此單用「險」字義。
㉔侵　侵略；侵犯。
㉕見弱　現在還弱小。

【語譯】

大凡國家的存亡有六種預兆表徵，有趨於衰落的國家，有趨於滅亡的國家，有趨於興旺昌盛的國家，有趨於強大的國家，有趨於安定的國家，也有趨於混亂的國家。所謂趨於滅亡和混亂的國家是不包括那些已經由凶惡暴虐、殘酷無情的君王統治的國家的；所謂趨於強大和安定的國家是不包括那些由具有懾服人們的威力和講求仁義道德的君王統治的國家的。君王年事已高，姬妾宮娥之類的女子很多，而後代子孫卻很稀少，又疏遠宗族的，是趨於衰亡沒落的國家；君王寵幸大臣，大臣又親昵君王，國家的法律被棄置不用，而不正當的私欲公然橫行的，是趨於混亂、失去控制的國家；國家貧窮而且弱小，而大夫、家臣反倒富足強大，君王的權威弱小，而臣下的勢力卻很強大的，是趨於滅亡的國家。凡是具備了這三種徵兆的國家，等不到它實行凶虐殘暴的統治，就國力衰弱了，雖然眼下還存在著，但我認為這樣的國家是注定要滅亡的。君王在內宮沒有特別寵愛的姬妾嬪妃，在外廷也沒有與君王特別親狎愛昵的親信，皇族的其他支系也得到很好的繁衍，而君臣嫡庶之間尊卑長幼的身分名位不發生混亂的，是走向興旺強盛的國家；按時耕種收割、及時養蠶紡織，國家的糧倉充實豐足，軍隊堅強有力，武器鋒利，邊疆四境又治理得當，那是強盛有力的國家，君王不牽制、干涉臣下的職權，臣下也不侵犯君王的統治權威，君臣上下不相干涉，不相侵犯，所以能夠做到令行禁止，人人行事都能出自公心，而不以私意、私欲為念，即使經歷艱難險阻，而國家始終不可侵犯，那是得到了很好的治理的國家。凡具有這三種徵兆的國家，用不著等待實行能懾服人們的政策和仁義道德，國家就會強大起來，雖然它們眼下還很弱小，但我認為它們是一定會存在下去的。

治主❶之興❷，必有所先誅。先誅者，非謂盜❸，非謂姦❹。此二惡者，一時之大害，非亂政之本也。亂政之本：下侵上之權，臣用君之術，心不畏時之禁❺，行不軌❻時之法，此大亂之道❼也。

【章旨】

本章闡述新興的君王、開國的君王不應該首先剷除反抗者和邪惡狡詐者這樣一些只對國家造成較小危害的人、事，而應該針對君臣上下關係這樣一個「亂國之本」的問題，首先加以解決。不然，國家就會陷入混亂、無可救藥的道理。

【注釋】

❶治主　治理國家的君主。

❷興　興起。

❸非謂盜　不應該是「盜」。盜，指反抗統治者的首領。是為蔑稱。

❹姦　邪惡狡詐之徒。

❺時之禁　今時的禁令。時下的禁忌之類。

❻軌　遵循。

❼此大亂之道　這就是造成國家大亂的根本原因。

【語譯】

治理國家的君主的興起，必定有首先要剷除的東西。首先需要剷除的不應該是那些反抗者，也不應該是那些邪惡狡詐之徒。這兩種罪惡的人，對國家社稷來說只有一時之間的極大危害，而不是使國家政治發生混亂的根本原因。致使國家政治發生混亂的根本原因是臣下侵犯君王的權威，臣下僭用君王才能採用的治國方法，內心不畏懼今時的禁令，行為不遵循今時的法律規定，這才是導致國家政治發生大亂的根本原因。

孔丘攝魯相❶，七日❷而誅❸少正卯❹。門人❺進問曰：「夫少正卯，魯之聞人❻也，夫子❼為政而先誅，得無失乎❽？」孔子曰：「居❾！吾語汝其故。人有惡者❿五，而竊盜⓫、姦私⓬不與焉⓭。一曰心達而險⓮；二曰行僻而堅⓯；三曰言偽而辨⓰，四曰強記而博⓱；五曰順非而澤⑱。此五者，有一於人，則不免君子之誅，而少正卯兼有之，故居處足以聚徒成群；言談足以飾邪熒眾⑲；強記足以反是獨立⑳。此小人之雄桀㉑也，不可不誅也。是以湯誅尹諧㉒，文王誅潘正㉓，太公㉔誅華士㉕，管仲㉖誅付里乙㉗，子產㉘誅鄧析㉙、史付㉚。此六子者，異世而同心，不可不誅也。《詩》㉛曰：「憂心悄悄㉜，慍㉝於群小。」小人成群，斯足畏也㉞。

【章旨】

本章敘述孔子攝魯相七日而不能不殺少正卯的五大理由，並援歷史上商湯、周文王、姜太公、管仲、子產諸先哲誅殺有亂政危險的尹諧、潘正、華士、付里乙、鄧析、史付之事為例證，得出對小人不能不防、對小人中的傑出人物必須痛加誅殺的結論。

【注釋】

❶孔丘攝魯相　魯定公九年（西元前五〇一年），孔子由魯國中都宰升任司空，再升為大司寇，攝行相事。故有孔丘攝魯相之說。其時，孔丘年五十。

❷七日　此時間恐有誤。司馬遷《史記・孔子世家》等史籍均作「三月」。

❸誅　誅殺；殺死。

❹少正卯　春秋時魯國人。少正氏，名卯，一說少正為官名。傳說他與孔子同時在魯國聚徒講學，使得「孔子之門，三盈三虛」。魯定公十年（西元前五〇〇年），孔子當上魯國司寇才三個月就下令誅殺了少正卯。此事，自宋以來，一直有人表示懷疑，至今學術界仍無定說。

❺門人　學生；弟子。

❻聞人　有名望的人。

❼夫子　古代學生對老師的尊稱。

❽得無失乎　難道不是錯了嗎。得無，豈非；難道不是。

❾居　坐下來。

⑩惡者　指所謂惡行。
⑪竊盜　偷盜；盜竊。
⑫姦私　私通；姦詐。
⑬不與焉　不包括在內。
⑭心達而險　思想明達而內心險惡。
⑮行僻而堅　行為邪僻而又意志堅定。
⑯言偽而辨　言論錯誤而又善於辯說。辨，通「辯」。
⑰強記而博　博聞強記，見多識廣。
⑱順非而澤　支持邪惡的事而又為之出謀劃策。順，支持。澤，潤色；提高；幫助。
⑲飾邪熒眾　粉飾邪說，蠱惑民眾。
⑳反是獨立　反對正確的主張（指孔子的一套理論、主張）而獨自創立一套與之相對抗的理論主張。
㉑雄桀　傑出的人。
㉒尹諧　人名。事跡無考。
㉓潘正　人名。事跡無考。

㉔太公　即呂尚。姜姓，呂氏，名望，俗稱姜太公。助周滅商有功，封於齊。

㉕華士　周初齊國人。聲稱「不臣天子，不友諸侯」，對抗齊的統治，為呂尚所殺。事見《韓非子・外儲說右上》。《荀子・宥坐》作「華仕」。

㉖管仲　春秋初期齊國政治家。名夷吾，字仲。因鮑叔牙之薦，被齊桓公任為卿。輔佐桓公，以「尊王攘夷」相號召，使齊成為春秋時的第一個霸主。

㉗付里乙　人名。事跡無考。

㉘子產　春秋時鄭國政治家。名僑，字子產，一字子美。後任卿，在鄭國推行改革，使鄭國強大起來。

㉙鄧析　春秋末鄭國人。曾任鄭國大夫。為中國古代早期刑名學者，「操兩可之說，設無窮之詞」，對後世名辯學說有很大影響。相傳他好為智巧，曾作桔槔以取水；辦私學，教人訴訟；又制刑書，刻於竹簡。鄭執政駟顓以其亂政，殺之而用其竹刑。本文以為子產殺鄧析，誤。據後人研究，子產卒於西元前五二二年，早鄧析之死二十一年。殺鄧析者，當為鄭執政駟顓。《漢書・藝文志》所著錄的《鄧析》兩篇，已佚。今本《鄧析子》係後人偽托。

㉚史付　人名。事跡無考。

㉛詩　見《詩經・邶風・柏舟》。

㉜ 悄悄　形容憂愁的樣子。
㉝ 慍　慍怒；怨憤。
㉞ 斯足畏也　這是很值得畏懼的。

【語　譯】

孔丘攝行魯國宰相事務才七天就下令誅殺了少正卯。孔子的學生進言問道：「那個少正卯，是魯國很有名望的人物，老師執掌國政首先加以誅殺，難道不是做錯了嗎？」孔子回答說：「你們坐下，聽我告訴你們必須首先除掉少正卯的原因吧。人的惡行有五種，而盜竊、私通之類的劣行是不包括在內的。第一種是思想明達而內心險惡；第二種是行為邪僻而意志堅定；第三種是言論錯誤而又善於辯說；第四種是博聞強記，見多識廣；第五種是支持邪惡之事而又為之出謀劃策。這五種惡行，只要有其中的一種表現在某個人身上，這個人就不能逃脫君子的誅殺，而少正卯這五種惡行兼而有之，所以他每居於一地就能聚集一批徒眾；他的言論足以粉飾邪說，蠱惑民眾；他的博學多識又足以反對我們的正確主張而又自創一套獨立的理論。這是小人中的傑出人物啊，不能不誅殺。因此，商湯要誅殺尹諧，周文王要誅殺潘正，姜太公要誅殺華士，管仲要誅殺付里乙，子產要誅殺鄧析、史付。這六個人，雖然所處的時代不同而考慮問題的情況相同，不能不誅殺。《詩經》說：「君子仁人憂心忡忡，是在怨怒那些君王身邊的小人啊！」君王身邊小人成群，的確是很值得畏懼警惕的啊！

語❶曰：佞辯❷可熒惑❸鬼神。曰：鬼神聰明正直，孰能熒惑者❹？曰：鬼神誠不受熒惑，此尤佞辯之巧，靡不入也❺。夫佞辯者雖不能熒惑鬼神，熒惑人，明矣。探人之心❻，度人之欲❼，順人之嗜好，而不敢逆，納❽人於邪惡而求其利。人喜聞己之美也，善能揚❾之；惡聞己之過也，善能飾❿之。得之於眉睫之間，承⓫之於言行之先。

【章旨】

本章從佞辯諂媚雖不能蠱惑鬼神，卻往往能使人身陷其中而不自覺的現象入手，縷述佞辯者「探人之心，度人之欲，順人之嗜好而不敢逆，納人於邪惡而求其利」的種種手段，以及能夠「得之於眉睫之間，承之於言行之先」的神通，指出其原因即本於人們「喜聞己之美，惡聞己之過」。從這一點來看，作者的這番話可謂語重心長。

【注釋】

❶語　諺語；俗語。

❷佞辯　諂媚巧辯。

❸熒惑　迷惑；蠱惑。

❹孰能熒惑者　誰能使他受迷惑呢。

❺靡不入也　沒有人不被迷惑。靡，沒有不。

❻探人之心　探測人們隱藏在內心的心意。

❼度人之欲　揣度人的需求、欲望。

❽納　使陷入。
❾揚　讚揚；讚美。
❿飾　掩飾；遮蓋。
⓫承　迎合；承順。

【語　譯】

俗話說：諂媚善辯可以蠱惑鬼神。又說：鬼神聰明正直，誰能使他受迷惑呢？說：鬼神固然不受迷惑，而這些巧妙的諂媚善辯之言是無孔不入，是沒有人不受其迷惑的。因而諂媚善辯之言雖然不能蠱惑鬼神，但能夠迷惑人卻是確然無疑，十分明白的。那些善於巧辯諂媚的人探測人們隱藏在內心的心意，揣度人們的需求和欲望，順從人們的嗜好偏愛而不敢有絲毫違逆，使人身陷邪惡之中而只求自身得利。因為人們喜歡聽到誇獎自己優點的言詞，而那些小人善於能夠加以讚揚、讚美；人們討厭聽到批評自己過錯的言詞，那些小人善於能夠加以掩飾、遮蓋。那些小人能從人們眉睫之間細微的神態變化中去探知人們內心的心意，能夠在人們的言行之前順承人們的心意。

語曰：「惡❶紫之奪❷朱❸，惡利口❹之覆❺邦家❻。」斯言足畏，而終身莫悟❼，危亡繼踵❽焉。

【章旨】

本章以「紫之奪朱」借喻以邪亂正，並承上文佞辯之論，進一步指出巧言善辯具有傾覆邦國的危險性。

【注釋】

❶惡　厭惡；痛恨。

❷奪　篡亂。

❸朱　紅色。為正色。

❹利口　與前章「佞辯」義近。能言善辯。

❺覆　傾覆。

❻邦家　邦國；國家。

❼悟　醒悟。

❽繼踵　接踵而至。踵，腳後跟。

【語譯】

俗話說：討厭紫色篡亂正紅，討厭巧言善辯傾覆邦國。這句話足以使人畏懼，而終身不悟，邦國的危亡就會接踵而至。

《老子》曰❶：「以政治國，以奇用兵，以無事取天下。」正者，名、法是也。以名、法治國，萬物所不能亂；奇者，權、術是也。以權、術用兵，萬物所不能敵❷；凡能用名、法、權、術，而矯抑❸殘暴之情❹，則己無事焉。己無事，則得天下矣。故失治則任❺法，失法則任兵，以求無事，不以取強❻。取強，則柔者反能服之。

【章旨】

作者引述《老子》之言，而以己意詮釋之，為自己的觀點張目，主張運用名、法、權、術這四種統治方法來治理國家，以便實現「無事」而得天下的目標。

【注釋】

❶**老子曰**　這一段引文，出自今本《老子・第五十七章》。「政」字作「正」，二字古通。無事，即無為。老子一派倡導無為而治。

❷**敵**　敵對；抗衡。

❸**矯抑**　糾正；制止。

❹殘暴之情　指危害、妨礙正常統治秩序的思想言行。
❺任　運用；使用。
❻取強　恃強立威。作者要求在上者，以求無事，不以取強；居下者，各慎所任，守職效能，其目的在於以簡制煩惑，以易御險難，在於求無事，得天下。

【語　譯】

《老子》說：「要用『正』道來治理國家，用『奇』術來帶兵作戰，用『無事』來取得天下。」所謂「正」，就是名、法，如果能夠運用名、法來治理國家，那麼萬物就不會發生混亂；所謂「奇」，就是權、術，如果能夠運用權、術來帶兵打仗，那是萬物所不能相抗衡的。大凡能夠運用名、法、權、術，而又能用以糾正和制止一切妨礙正常的統治秩序的思想言行，那麼，他就可以做到無為而治了。他自己能夠做到無為而治，那他就得到天下了。所以，如果國家失去了治理，就運用法律、法令，失去了法治，那就使用軍隊，以求得無為而治，而不是用來恃強立威。如果恃強立威，那麼那些「守柔」的反而能制勝他。

《老子》曰❶：「民不畏死，如何以死懼之！」凡民之不畏死，由刑罰過❷。刑罰過，則民不賴其生❸。生無所賴，視君之威末如❹也。刑罰中❺，則民畏死。畏死，由生之可樂也。知生之可樂，故可以死懼之。此人君之所宜執❻，臣下之所宜慎。

【章旨】

本章從《老子》「民不畏死，奈何以死懼之」之言入手，強調刑罰應該保持適度、恰當，使百姓生有所賴，生有可樂。只有做到了這些，才能實行法治，「以死懼之」。這一點是人君和臣下所要特別留意的。

【注　釋】

❶老子曰　這句引文出自今本《老子・第七十四章》。「如何」，原文作「奈何」。懼之，使之懼。懼，懼怕；害怕。

❷過　過頭；過分。指刑罰過分的嚴酷了。

❸不賴其生　無所賴以生存。即無法生存下去。賴，依賴。

❹未如　無視；就像沒有看見一樣。即不把君王的權威當回事。未，無；沒有。

❺中　適度；恰當。

❻執　掌握；保持。

【語　譯】

《老子》說：「老百姓不懼怕死亡，怎麼能夠拿死使他們害怕呢！」大凡老百姓的不懼怕死亡，都是因為刑罰太過嚴酷了。刑罰嚴酷得過了頭，那麼，老百姓就百無聊賴，無法生存下去了。他們活著無所依賴，無法生存下去，就不會把君王的權威當回事。刑罰適度，那麼，老百姓就會害怕死亡。老百姓害怕死亡，是因為他們覺得活著是件快樂的事。知道活著是件快樂的事，所以君王可以用死亡去威嚇他們。這一點是人君所應該掌握保持的，臣下所應該謹慎在意的。

田子❶讀書，曰：「堯❷時太平。」宋子❸曰：「聖人之治以致❹此乎？」彭蒙❺在側，越次❻答曰：「聖法之治以至此，非聖人之治也。」宋子曰：「聖人與聖法何以異？」彭蒙曰：「子之亂名❼甚矣！聖人者，自己出也❽；聖法者，自理出也❾。理出於己，己非理也；己能出理，理非己也。故聖人之治，獨治❿者也；聖法之治，則無不治矣。此萬世之利，唯聖人能該⓫之。」宋子猶惑，質⓬於田子。田子曰：「蒙之言然⓭。」

【章旨】

本章透過田駢、宋鈃、彭蒙的對話，借用彭蒙之口闡述聖人之治與聖法之治的根本區別，認為聖人之治只是獨治，只有聖法之治才能達到天下萬世永治，而這萬世不移的治國之理，也只有聖人才能明白，所以才能致太平、保平安。

【注釋】

❶田子　即田駢。戰國中期齊國人，據《莊子・天下》記載，田駢與彭蒙、慎到為同一學派。有《田子》二十五篇，已佚。相傳田駢為彭蒙學生，而《尹文子》本章內容與此說不合。倘田駢為彭蒙學生，彭蒙何須「在側，越次」，田駢又怎能評判「蒙之言然」呢？

❷堯　古帝名。陶唐氏，名放勳，史稱唐堯。相傳他在位時，曾設官掌管時令，制定曆法，諮詢四岳，推選舜為繼位人，實行禪讓制，天下得到治理。故田駢讀書，有「堯時太平」之句。

❸宋子　即宋鈃。戰國中期宋國人，據《荀子・非十二子》楊倞注，宋鈃與孟子、尹文子、彭

蒙、慎到同時。宋鈃之學屬稷下黃老學派。有《宋子》十八篇，已佚。

❹致　達到；造成。

❺彭蒙　戰國中期齊國人。相傳曾把自己的學說傳授給田駢。但與本章內容難合，參見❶。

❻越次　越過位次，搶在前面。越，越過；逾越。次，位次；順序。

❼亂名　指不恰當地使用概念，使名稱混亂。

❽聖人者二句　聖人之治，出於自己，是以個人為出發點的。

❾聖法者二句　聖法之治，出於事理，是以事理、治道為出發點的。

❿獨治　與下文「聖法之治無不治」相對。說聖人之治是因為個人而得治，而聖法之治卻可以使天下萬世都得到治理。因而稱聖人之治為「獨治」。

⓫該　通「賅」。通曉；明白。

⓬質　質詢；質疑；討教。

⓭蒙之言然　彭蒙的話是對的。然，對；正確。

【語　譯】

田駢讀書，說：「堯統治天下時天下太平。」宋鈃問道：「是因為聖人之治才達到的嗎？」處於側位的彭蒙越過位次，搶先回答說：「這是因為聖法之治而達到的，而不是由聖人之治造成的。」宋鈃問道：「聖人之治和聖法之治有什麼不同嗎？」彭蒙回答說：「先生亂用概念的情況很嚴重啊！所謂聖人之治，是出於聖人自己，是以個人為出發點的；而所謂聖法之治，是出於事理，是以事理治道為出發點的。事理出於個人，那麼個人的意志就不是事理治道；而以個人的意志作為治國的出發點，那麼，治道事理也就不是聖人個人。所以聖人之治，是因為個人而使國家得到治理，是獨治；而聖法之治，那就天下萬世沒有得不到治理的了。這是萬世不移的利益所在，只有聖人才能通曉明白。」宋鈃還有疑惑，不能理解，去向田駢討教。田駢說：「彭蒙的話是對的啊！」

莊里丈人❶，字❷長子曰「盜」、少子曰「毆」。盜出行，其父在後追呼之，曰：「盜！盜！」吏聞，因縛之。其父呼毆喻吏❸，遽而❹聲不轉❺，但言「毆，毆……」，吏因毆之，幾殪❻。康衢長者❼，字僮⑧曰「善搏」，字犬曰「善噬⑨」，賓客不過其門者三年。長者怪而問之，乃以實對⑩。於是改之，賓客復往。

【章旨】

本章透過莊里丈人給兒子取名，竟差點讓長子送命；康衢長者給僮僕、愛犬取名，致使賓客三年不入其門的二則寓言故事，形象生動地告誡人們在命名問題上應該謹慎，避免造成誤解，不然，命名不當，後果嚴重。

【注釋】

❶莊里丈人　與下文「康衢長者」相對應。皆作者假設的人物。莊里丈人，指居住在村野鄉閭的老年人。丈人、長者，皆為舊時人們對老年人的尊稱。康衢長者，則指居住在集鎮、都市或交通要道的老年人。康衢，大道；大路。

❷字　取名；命名。

❸喻吏　向官吏說明情由。指莊里丈人讓小兒子毆去告訴官吏，已經被他們捆綁起來的盜不是偷盜之人，「盜」只是他的名字。喻，告訴；說明。

❹遽而　急促；急迫；急切之間。

❺聲不轉　聲音轉不過來。指莊里丈人急切之間話說得不利索，聲音轉不過來。

❻幾殪　差點被官吏打死。幾，幾乎；差不多。殪，死。

❼康衢長者　參見❶。

❽僮　僮僕；僕人。

❾噬　咬。

❿對　回答；告訴。

【語　譯】

莊里丈人給他大兒子取名叫「盜」，小兒子叫「毆」。大兒子盜出門，莊里丈人在盜身後一邊追趕，一邊呼叫「盜！盜！」官吏聽到了，以為是追趕偷盜的人，就把盜捆綁了起來。莊里丈人呼叫小兒子毆去向官吏說明情由，急切之間話說得不利索，聲音轉不過來，只說成「毆，毆……」，官吏以為是讓打盜，因而又毆打起盜來，盜差點被打死。康衢長者給他的僮僕取名叫「善搏」，給他的愛犬取名叫「善噬」，賓客不入其門達三年之久。康衢長者覺得奇怪，因而向人們探詢原因。人們就把事實情況告訴了他。於是長者就把僮僕和愛犬的名字改掉，賓客便又與他恢復了往來。

鄭❶人謂玉未理❷者為璞，周❸人謂鼠未臘者❹為璞。周人懷璞❺，謂鄭賈❻曰：「欲買璞乎？」鄭賈曰：「欲之。」出其璞，視之，乃鼠也。因謝❼不取。

【章　旨】

本章緊接上章，透過鄭人、周人關於「璞」同名異實造成交易中的誤會的寓言故事，繼續闡述名實關係，應該注意因名求實的道理。不然，求之璞玉而得之鼠肉，就不免令人哭笑失據了。

【注　釋】

❶鄭　鄭國。春秋時諸侯國，在今河南新鄭一帶。
❷理　治玉。對玉進行磨琢加工。
❸周　周王朝鎬京所在地區。在今陝西西安附近。
❹鼠未臘者　指還沒有曬成乾肉的鼠。臘，乾肉。
❺懷璞　懷抱著璞；帶著璞。
❻鄭賈　鄭國的商人。賈，商賈；商人。
❼謝　辭謝；辭去。

【語　譯】

鄭國人稱未經磨琢加工的玉為璞，周國人稱還沒有曬成乾肉的鼠為璞。周國人抱著璞，對鄭國的商賈說：「想買璞嗎？」鄭國的商賈說：「想買。」周國人就把他的璞拿了出來。鄭國的商賈一看不是璞玉而是老鼠肉，就辭謝而去不買了。

父之於子也，令有必行者，有必不行者。「去❶貴妻，賣愛妾」，此令必行者也；因曰❷：「汝無敢恨❸！汝無敢思❹！」令必不行者也。故為人上者❺，必慎所令。

【章旨】

本章透過父親要求兒子遵從照辦的指令，有兒子一定會做到和一定不會做到二類的事例，說明處於上位或做長輩的人在發出指令時一定要慎重斟酌，分清可行與否。

【注釋】

❶去　離開；遠離。

❷因曰　如果說。

❸汝無敢恨　不准你怨恨。無敢，不准；不許。

❹汝無敢思　不准你思念貴妻和愛妾。

❺為人上者　指那些處上位的或做長輩的人。

【語譯】

父親對於兒子來說，他的指令，有兒子一定會遵從照辦的，也有兒子一定不會遵從照辦的，「遠離貴妻，出賣愛妾」，這是兒子一定會遵從照辦的；如果說：「不准你怨恨，不准你思念貴妻愛妾。」這是一定行不通、做不到的。所以那些處上位或做長輩的在發出他們的指令時一定要慎重斟酌。

凡人富，則不羨爵祿❶；貧，則不畏刑罰。不羨爵祿者，自足於己❷也；不畏刑罰者，不賴存身❸也。二者❹為國之所甚病❺，而不知防之❻之術，故令不行而禁不止。若使令不行而禁不止，則無以為治❼。無以為治，是人君❽虛臨其國，徒君其民❾，危亂❿可立而待矣。

【章旨】

本章透過富人不羨爵祿，貧者不畏刑罰的社會現象入手分析原因。指出這兩者是治國之大患，應當注意解決社會財富貧富不均的問題，不然，令不行、禁不止，國家就會失去控制，君王也只有一個君臨一切的虛名，國家的危亡就會馬上到來。可謂語重心長，足以警世醒人。

【注釋】

❶爵祿　爵位俸祿。

❷自足於己　自己覺得滿足。
❸不賴存身　無所賴於自身的生存。即無法生存下去的意思。
❹二者　指富者不羨爵祿，貧者不畏刑罰這兩種情況。
❺甚病　大患；嚴重問題。
❻之　指富者不羨爵祿，貧者不畏刑罰這兩種情況。
❼無以為治　無法治理好國家。
❽人君　君王。
❾徒君其民　與前之「虛臨其國」義同。謂人君徒有一個君臨一切的最高統治者的虛名。徒，白白地；徒然。君，君臨；統治。
❿危亂　危亡。

【語　譯】

凡是富了的人就不會羨慕擁有爵位俸祿，窮的人則不會懼怕嚴酷的刑罰。不豔羨高官厚祿是因為富裕已經讓他們覺得滿足了，不畏懼嚴刑峻法是因為貧窮已經使他們無法生存下去了。這兩種情況是治理國家的大患，卻又不懂得防止這種貧富不均情況發生的方法，所以就會命令做的卻不馬上執行，而明令禁止的卻不立即停止。假如命令做的不馬上執行，明令禁止的也不立即停止，那麼這個國家就不可能治理好。如果國家無法治理好，那麼人君便徒有一個君臨一切的最高統治者的虛名了，這樣，國家社稷的危亡就會馬上到來。

今使由爵祿而後富，則人必爭盡力於其君矣；由刑罰而後貧，則人咸畏罪而從善矣。故古之為國者❶，無使民自貧富❷。貧富皆由於君，則君專所制❸，民知所歸❹矣。

【章　旨】

本章緊接前章，提出防止社會財富不均造成國家危亡的辦法，認為應當由君王來主宰人們的富裕和貧窮，使由爵祿而後富貴，由刑罰而後貧窮。那麼國家就可以治理好了。

【注釋】

❶為國者　治理國家的人。即君王。為，治理。

❷無使民自貧富　不要讓人們自己致富或自己招致貧窮。

❸所制　用來統治臣民百姓的手段、方法。指爵祿和刑罰。

❹歸　歸向；歸心；歸服。

【語譯】

現在假如使得臣下先得爵位俸祿而後才會富裕，那麼人們一定會爭著為君王盡心效力了；假如使得人們受到刑法處罰之後再受貧窮，那麼人們都會畏懼犯罪而從善行善了。所以古時候治理國家的君王，都不讓人們自己受窮或自己致富。假如人們的貧窮或富裕都由君王來主宰，這樣，君王就專有了統治人們的手段，人們也就都歸向於他了。

貧則怨人，賤則怨時❶，而莫有自怨者，此人情之大趣❷也。然則不可以此是人情之大趣，而一概非之。亦有可矜❸者焉，不可不察也。今能同算鈞❹，而彼富我貧，能不怨則美❺矣，雖怨無所非❻也。才鈞智同，而彼貴我賤，能不怨則美矣，雖怨無所非也。其敝❼在於不知乘權藉勢❽之異，而惟曰智能之同。是不達❾之過，雖君子之鄙❿，亦君子之怒也。

【章旨】

本章繼續對貧富貴賤展開討論。作者透過對自己貧窮就埋怨別人，自己貧賤就怨恨生不逢時，時運不濟，而不從自己身上找原因的世俗之見的分析，認為能同算鈞而彼富我貧，彼貴我賤，怨一怨，怒一怒，也是無可厚非的。指出他們的缺陷在於不懂得乘權藉勢的重要性，而只在智同才均上找原因，是一種迂腐不聰明的表現，但也代表著他們對社會不公的一種抗議，一種怨怒。

【注釋】

❶時　時勢；際遇；時運。

❷人情之大趣　即所謂人之常情、人們的一般看法。大趣，總的趨向。趣，趨向。

❸矜　憐憫；同情；諒解。

❹能同算鈞　才能相當，智謀相若。下文「才鈞智同」與此同義。能，才能；能力。算，智謀。鈞，通「均」。

❺美　嘉美；嘉許；可嘉。

❻無所非　無可指責；無可厚非。

❼敝　同「弊」。弊病；缺陷。

❽乘權藉勢　依託權勢。藉，依仗；依恃。

❾不達　不明世理；不聰明。指不通曉、不懂得乘權藉勢的重要性。

⑩郵　通「尤」。過失。

【語　譯】

自己貧窮就埋怨別人，自己低賤就埋怨生不逢時，際遇不佳，而沒有人會去埋怨自己，這是人之常情。但是，不能因為它是世俗之見、人之常情就一概加以否定。這裡面也有值得同情的情況，是不可以不細加考察分析的。現在才能相當，智謀相等，而他人富裕我貧窮，對此能夠不怨恨固然可嘉，但即使有怨恨情緒也是無可厚非的。才能相當，智謀相若，而他人高貴我低賤，對此能夠不怨恨固然可嘉，但即使有怨恨之心也是無可厚非的。其弊病在於他們在依托權勢這一點上彼此不同，而只從智能的相等相若上尋找原因，這是不懂得他們之間還存在著「乘權藉勢之異」的道理，對君子來說，這雖然也是一種過失，但也是他們怨怒的表現。

人貧則怨人，富則驕人。怨人者，苦[1]人之不祿施[2]於己也。起於情所難安❸而不能安，猶可恕也。驕人者❹無苦，而無故驕人，此情所易制❺而弗能制，弗可恕矣。

【章旨】

本章仍接前數章關於貧富貴賤的論題，繼續討論分析，指出貧賤之人埋怨他人，是內心有怨苦難安之情，尚情有可原；而那些富貴之人驕橫人前，卻是既無怨苦又易克制驕橫之心而不加克制，是無法寬恕的。

【注釋】

❶苦　怨苦；埋怨。

❷祿施　給予官祿和財物。亦指給予各種幫助。

❸安　安於貧賤。

❹驕人者　指富人。

❺制　克制；控制。

【語譯】

人貧賤就會埋怨別人，富貴就會在人前表現驕橫。埋怨別人的人是埋怨別人不肯給予自己官祿和財物，是出於自己內心難以安於貧賤之心而不能安於貧賤，那還情有可原。驕橫於人前的人卻沒有什麼怨苦之情，而是沒有原因地在人前驕橫，這種驕橫之心是自己容易克制的，而他們卻不能克制，那是無法寬恕的了。

眾人❶見貧賤則慢❷而疏❸之，見富貴則敬而親之。貧賤者有請賕於己❹，疏之可也；未必損己而必疏之，以其無益於物之具❺故也。富貴者有施於己，親之可也；未必益己而必親之，則彼不敢親我矣。三者❻獨立❼，無致親致疏之所❽，人情終不能不以貧賤、富貴易慮❾，故謂之大惑焉。

【章　旨】

本章仍繼續討論貧賤和富貴的論題，對眾人見貧賤者則慢而疏之，見富貴者則敬而親之，而人們的為人處世終究不能不以貧賤、富貴改變態度的社會現象表示極大的困惑，因而提出批評。

【注　釋】

❶眾人　一般人；一般的社會大眾。

❷慢　簡慢；傲慢。

❸疏　疏遠。

❹請賕於己　請求自己接受他們贈送的財物。賕，賄賂；將財物送人。

❺物之具　指積累財物。物，財物。具，具備。
❻三者　指自己、貧賤者、富貴者。
❼獨立　獨自存立。
❽所　處所；地方。指自己、貧賤者、富貴者這互相獨立的三者並沒有使他們之間發生或親或疏的必然聯繫。
❾易慮　改變其思慮。指改變態度。

【語　譯】

一般的社會大眾看見貧窮低賤的人就會簡慢而且疏遠他們，而見到富裕高貴的人就會敬重而且親近他們。如果貧賤的人請求我接受他們賄賂的財物，疏遠他們就可以了，並不一定是為了貧賤者這樣做會損害自己而必須疏遠他們，而是因為即使接受了他們賄賂的財物並無益於自己的財物積聚。如果富貴的人向我贈送財物，親近他們就可以了。並不一定是為了對自己有利而必須親近他們，而是由於不接受的話，他們就不肯親近自己了。雖然貧賤者、富貴者和我自己三者是各自獨立的，並沒有使這各自獨立的三方面發生或親近或疏遠的必然聯繫，但一般人的為人處世終究不能不以貧賤富貴改變態度，這就是對這種社會現象的巨大困惑。

窮獨貧賤❶，治世之所共矜❷，亂世之所共侮❸。治世非為矜窮獨貧賤而治，是治之一事也；亂世亦非侮窮獨貧賤而亂，亦是亂之一事也。每事治則無亂，亂則無治。視❹夏、商之盛，夏、商之衰，則其驗❺也。

【章旨】

本章透過對治世憐憫窮獨貧賤之人，亂世則欺侮貧賤窮獨之人的事例的分析，指出了「每事治則無亂，亂則無治」這一治國至理，又舉夏商二朝之興衰演變以為歷史教訓，強調要從小事做起，把每一件事都處理好，對於國家的治理的重要意義。由微觀而及宏觀，由局部而及整體，言簡而意長，足以警世醒人。

【注釋】

❶窮獨貧賤　指那些處境窮困、身分低賤的窮苦之人和孤獨無依的老人。窮，「達」的反義詞。處於困境。獨，老而無子的人。

❷矜　同情；憐憫。

❸侮　欺侮；歧視。

❹視　考察；考究。

❺驗　證明；驗證。

【語譯】

處境窮困艱難、身分低賤的窮苦之人和孤獨無依的老人，在所有得到治理的時世都得到同樣的憐憫和同情，在所有混亂的時世也都受到同樣的欺侮。得到治理的時世並不是因為憐憫這些處境窮困、身分低下的窮人和孤苦無依的老人才得到治理的，這只不過是國家得到治理的許多事當中的一件而已；混亂不堪的時世也並不是因為欺侮了這些人而導致了國家的混亂的，也只不過是國家混亂的許多事情之中的一件而已。如果每一件事都能得到治理，那麼國家就不會有混亂，發生了混亂，國家就不會得到治理。考察一下夏、商二代的興盛和衰亡歷史，就可以得到驗證。

貧賤之望❶富貴甚微，而富貴不能酬❷其甚微之望。夫富者之所惡❸，貧者之所美❹；貴者之所輕❺，賤者之所榮❻。然而弗酬，弗與同苦樂故也。雖弗酬之，於我弗傷。今萬民之望人君，亦如貧賤之望富貴。其所望者，蓋欲料長幼❼，平賦斂❽，時其饑寒❾，省❿其疾痛，賞罰不濫⓫，使役以時⓬，如此而已，則於人君弗損也。然而弗酬，弗與同勞逸⓭故也。故為人君，不可弗與民同勞逸焉。故富貴者可不酬貧賤者，人君不可不酬萬民。不酬萬民，則萬民之所不願戴⑭。所不願戴，則君位替⑮矣。危莫甚焉！禍莫大焉！

【章旨】

本章是對前面數章有關富貴貧賤論題的總結。作者從貧賤者企盼富貴者的酬答比況天下萬民企盼君王的酬答入手，指出富貴者尚可不酬答貧賤者，而君王卻不可以不酬答天下百姓的道理，並強調了不這樣做的嚴重後果：位替國亡，危莫甚焉！禍莫大焉！

【注釋】

❶望　希求；企盼。

❷酬　酬答；酬報。

❸惡　厭惡；討厭。
❹美　喜歡。與「惡」相對成義。下文「輕、榮」也與此相同。
❺輕　輕視；不看重。
❻榮　看重；看成榮耀。
❼料長幼　核計長幼之數。料，計數；核計。
❽平賦斂　平均百姓的賦稅負擔。賦斂，徵收賦稅。
❾時其饑寒　及時地關心萬民的饑寒溫飽問題。時，及時。
❿省　省察；留意。
⓫賞罰不濫　指賞罰沒有不得當。濫，過度；沒有節制。
⓬使役以時　役使百姓要不違農時。
⓭勞逸　勞作和休息。
⓮戴　擁戴；擁護。
⓯替　更替；更變。

【語　譯】

貧賤者企求得到富貴的希望是很微小的，而富貴也不能酬答貧賤者對富貴的這份很微小的希求之心。那些富裕的人所厭惡的東西，卻是貧窮的人所喜歡的，高貴的人所輕視的東西，恰恰是低賤的人所看重的。但是富貴者並不酬答貧賤者的希求之心，這是因為富貴者不與貧賤者一起經歷痛苦和快樂的緣故吧。不過，即使不酬答貧賤者，但對我來說並沒有什麼損害。現在天下萬民所企求君王做的，也就像貧賤者之希求富貴一樣。他們所企求的，大概也就是希望君王能夠核計長幼之數，平均賦稅負擔，及時地關心他們的饑寒溫飽，省察留意他們的疾痛病苦，使賞罰得當，役使他們能不違農時，如此而已，這些內容對君王來說是沒有什麼損害的。但是天下萬民並沒有得到君王的酬答，這是因為君王不與百姓同勞作同休息的緣故吧。所以，身為君王是不可以不與百姓一起勞作一同休息的啊！因此，富貴者還可以不酬答貧賤者，但君王卻不可以不酬答天下萬民。如果君王不酬答萬民百姓，那麼這個君王就是萬民百姓所不願擁戴的。如果萬民百姓不願擁戴他，那麼他的君位就會發生更替。危險沒有比這個更嚴重的了啊！禍害沒有比這個更大的了啊！

佚文

一

尹文子❶見齊宣王❷，宣王不言而歎。尹文子曰：「何歎？」王曰：「吾歎國中寡賢❸。」尹文子曰：「使國悉賢，孰處王下❹？」王曰：「國悉不肖❺，可乎？」尹文子曰：「國悉不肖，孰理王朝❻？」王曰：「賢與不肖皆無，可乎？」尹文子曰：「不然，有賢有不肖，故王尊於上，臣卑於下，進賢退不肖，所以有上下也。」

【說明】

本則佚文，見《意林·卷二》、《藝文類聚·卷二〇》、《太平御覽·卷四〇二》。

【章旨】

本則佚文透過尹文與齊宣王的對話，反映出尹文對賢不肖的一些很實在的看法。其中「有賢有不肖，故王尊於上，臣卑於下」，賢不肖兩相依傍，互為參照，缺一不可的觀點，分析透徹，在情在理。

【注釋】

❶尹文子　即尹文。子，為時人或後人對他的尊稱。

❷齊宣王　戰國時齊國國君。田氏，名辟疆。齊威王之子。他曾繼其祖齊桓公、父齊威王之志在稷下廣置學宮，招攬學者。尹文即為其中之一。遂有歷史上「稷下學派」之說。

❸寡賢　賢能的人太少。

❹使國悉賢二句　假如全國所有的人都是賢人，那麼誰身處大王之下呢。

❺不肖　與「賢」相對。不賢的人。

❻孰理王朝　誰來為大王處理日常朝政呢。

【語譯】

尹文子見齊宣王，宣王不說話而歎息。尹文子問道：「為什麼歎息啊？」宣王說道：「我是憂慮國家缺乏賢才啊。」尹文子說：「假如全國所有的人都是賢人，那麼讓誰身處大王之下呢？」宣王說：「那麼全國所有的人都是不肖之人，可以嗎？」尹文子說：「全國所有的人都是不肖之徒，讓誰來幫助大王處理日常朝政呢？」宣王說：「賢才和不肖之徒都沒有了，可以嗎？」尹文子說：「不能這樣說。正因為一國之中有賢人也有不肖之人，所以才能使君王處於尊榮的上位，使臣下處於卑低的下位。君王進用賢人，斥退不肖之人，所以才有了上下尊卑之分。」

二

虎求百獸食之，得狐。狐曰：「子無❶食我也。天帝令我長百獸❷，今子食我，是逆天帝命也。子以我言不信，吾為子先行，子隨我後，觀百獸之見我不走❸乎？」虎以為然，故遂與行❹。獸見之皆走。虎不知獸之畏己而走，以為畏狐也。

【說明】

本則佚文，見於《太平御覽・卷四九四》。內容、文字與《戰國策・楚策一》

一段文字相同。

【章　旨】

本章內容亦當為成語「狐假虎威」之所本。所講述的是狡猾的狐狸利用百獸對老虎的畏懼心理，假虎威而壓百獸，保自己，而老虎竟被蒙騙而茫然不覺狐狸的狡詐用心。

【注　釋】

❶無　不能；不可以。
❷長百獸　為百獸之首領。長，首領。
❸走　逃跑。
❹與行　與狐狸同行。

【語譯】

老虎尋求百獸來作為自己的食物，得到了狐狸。狐狸說：「您不能吃我。天帝任命我為百獸的首領，現在您吃我，這是違抗天帝的旨令的。您如果不相信我說的話，我可以為您帶路，您跟隨在我身後，去看一看百獸有見到我而不逃走的嗎？」老虎以為狐狸說得對，所以就與狐狸一起去了。百獸看到他們都逃走了。老虎不懂得百獸是害怕自己而逃走的，還以為是害怕狐狸。

三

世俗之人，聞譽則悅，聞毀則戚❶，此眾人之大情❷。同己❸則喜，異己❹則怒，此人之大情。故佞人❺善為譽者❻也，善順從者也。人言是，亦是之；人言非，亦非之。從人之所愛，隨人之所憎。故明君雖能納正直，未必能親正直，雖能遠佞人，未必能疏佞人。故舜、禹者，以能不用佞人，亦未必憎佞人。語❼曰：「佞辯惑物❽，舜、禹不能得憎。」可不察乎？

【說明】

本則佚文見《群書治要》。

【章旨】

本章從社會大眾聞譽則悅，聞毀則戚的普遍心理入手，認為佞人正是利用了人們心理上的這一弱點，投其所好，人云亦云。即使是舜、禹這樣古來一直被譽為聖明的君王也只能做到不任用佞人，而做不到憎惡他們，更何況一般的社會大眾呢？所以，得出對佞人一定要細加審察的結論。

【注釋】

❶戚　哀愁；不高興。與「悅」相對。

❷眾人之大情　社會大眾的普遍心理。

❸同己　附和贊同自己的。

❹異己　反對不贊成自己的。

❺佞人　善於巧言諂媚的人。

❻善為譽者　善於講人家好話的人。

❼語　俗語；諺語。

❽佞辯惑物　巧妙的諂媚、伶俐的善辯迷惑人。

【語 譯】

世俗的人們，聽到誇獎自己的話就高興，聽到詆毀自己的話就不高興，這是社會大眾的普遍心理。附和贊同自己的就喜悅，反對批評自己的就怨怒，這是一般人的普遍心理。所以佞人是那些善於講別人好話、善於順從別人心意的人。別人說這是正確的，他也馬上說對，別人說這是錯誤的，他也馬上說不對。順從別人的愛好，跟隨別人的憎恨。所以聖明的君王雖然能夠容納正直之士，卻未必能親近正直之士，雖然能離佞人遠一點，卻未必能真的疏遠他們。所以，即使是舜、禹這樣聖明的君王，也只能做到不任用佞人，而未必能憎惡佞人。俗話說：「佞辯巧諂真是迷惑人啊，即使是舜、禹這樣聖明的君王也恨不起他們來。」怎麼可以不細加審察呢？

四

田子❶曰：「人皆自為❷，而不能為人。故君人者❸之使人❹，使其自為用❺，而不使為我用。」魏稷下先生❻曰：「善哉，田子之言！古者君之使臣，求不私愛於己，求顯忠於己❼。而居官者必能，臨陳❽者必勇。祿賞之所勸，名法之所齊，不出於己心，不利於己身。語曰：『祿薄者，不可與經亂❾；賞輕者，不可與入難。』此處上者所宜慎者也。」

【說明】

本則佚文見於《群書治要》。

【章旨】

本章借用稷下先生之口評論田駢關於君王任使臣下應使臣下為自身利益而出力任事的一番話，並進而發揮其意，認為要臣下為君王效力，必得有臣下自身的利益在其中，才能使得居官者必能，臨陣者必勇，所以「祿薄者，不可與經亂；賞輕者，不可與入難」，這一點是君王所必須謹慎對待的。

【注 釋】

❶田子　即田駢。

❷自為　為自己。

❸君人者　君王；君主。

❹使人　任使臣下百姓。使，任使；驅使。

❺自為用　為他自己的利益而出力任事。

❻稷下先生　可能是尹文自稱。稷下，地名。在齊國首都臨淄城西門附近。齊國在這裡設置學宮，齊宣王時，田駢、尹文都曾在稷下學宮講學。

❼求不私愛於己二句　不求臣下對自己有私愛，只求他們對自己表現忠誠。
❽臨陳　在戰場上面對敵人。陳，古「陣」字。
❾祿薄者二句　平時給予爵祿不厚足的人，不可以與他共患難。下文「賞輕者，不可與入難」，義與此句相仿。

【語譯】

田駢說：「人都是為自己而不是為別人出力的，所以君王任使臣下，也應當使臣下為他自身的利益而出力任事，而不是讓他為我出力任事。」稷下先生說：「田子的話，說得對。古時的君王任使臣下，不求臣下對自己有私愛，只求臣下對自己表現忠誠。因而居於官位的人就會有才幹，臨陣對敵的人就會有勇氣。所以國家的爵祿賞賜對他們的勉勵，名位法律對他們的約束，不是出於君王一己的私心，也不是以有利於君王自身為出發點的。俗話說：『平時給予的爵祿不豐厚不豐足的人，不可以與他們共同治理混亂；平時給予的賞賜不厚重不豐足的人，也不可以與他們共赴患難。』這是做君王的所應當謹慎從事的。」

五

瞽者❶無目，而耳不可以瞭❷，察視也，精於聽也。

【說明】

本則佚文，見於《太平御覽・卷七四〇》。

【注釋】

❶瞽者　盲人。

❷瞭　察視；看。疑「瞭」下「察視也」為原文旁注，混入正文的。

六

聾者不歌，無以自樂；盲者不觀，無以接物❶。

【說　明】

本則佚文，見於《太平御覽．卷七四〇》。

【注　釋】

❶無以接物　無法察見外物；沒有接收外界物象的感官。

七

凡數：十、百、千、萬、億。億、萬、千、百、十，皆起於一，推之億億無差❶矣。

【說明】

本則佚文，見於《太平御覽・卷七五〇》。

【注釋】

❶推之億億無差　意謂將此理直推到億億數，都不會有差錯。

八

千人曰俊，萬人曰傑❶。

【說明】

本則佚文，見於《史記・屈原列傳》索隱引；又見於《詩・汾沮洳》疏。

【注釋】

❶千人曰俊二句　意謂才能超過千人的叫做「俊」，超過萬人的叫做「傑」。《詩・汾沮洳》疏「萬人曰傑」作「萬人為英」。

九

以智力求者，喻如弈棋❶，進退取與，攻劫放❷舍，在我者也。

【說明】

本則佚文，見於《藝文類聚・卷七四》、《昭明文選・博弈論》注、《太平御覽・卷七五三》。

【注釋】

❶弈棋　下圍棋。

❷放 《昭明文選・博弈論》注作「殺」。

一〇

博❶者，盡開塞❷之宜，得周通❸之路，而不能制齒❹之大小，在遇者❺也。

【說明】

本則佚文，見於《昭明文選・策秀才文》注、《藝文類聚・卷七四》、《太平御覽・卷七五四》。

【注釋】

❶博　博戲。古代的一種棋局之戲。

❷塞　與「開」相對成義。堵塞；行不通。

❸周通　周行無阻。

❹齒　一種博具。即骰子。

❺在遇者　在於機遇不同。

二

堯為天子，衣不重帛❶，食不兼味❷，土階三尺，茅茨❸不剪❹。

【說明】

本則佚文，見於《藝文類聚・卷八二》、《太平御覽・卷九九六》。

【注釋】

❶重帛　兩層以上的綢緞。

❷兼味　兩種以上不同的肉食。

❸茅茨　茅草蓋的屋頂。

❹剪　修剪。

一二

堯德化❶布於四海❷，仁惠❸被於❹蒼生❺。

【說明】

本則佚文，見於《昭明文選·勸進表》注。

【注釋】

❶德化　道德教化。

❷四海　四境之內；所有統治區域。

❸仁惠　仁澤恩惠。

❹被於　加於；及於。

❺蒼生　百姓。

一三

兩智不能相使，兩賢不能相臨❶，兩辨❷不能相屈，力均勢敵❸故也。

【說明】

本則佚文，見於《意林》。

【注釋】

❶臨 治。

❷辨 通「辯」。指辯者。

❸敵 相當。

一四

專用聰明，則功不成；專用晦昧❶，則事必悖❷。一明一晦，眾之所載❸。

【說 明】

本則佚文，見《意林》。

【注 釋】

❶晦昧 昏晦不明。

❷悖 乖背；錯誤。

❸載 通「戴」。擁戴。

四方上下曰宇。

【說　明】

本則佚文，見於《後漢書・馮衍傳》注。

一六

將戰，有司讀誥誓❶，三令五申❷之，既畢，然後即敵❸。

【說　明】

本則佚文，見於《昭明文選・東京賦》注。

【注釋】

❶誥誓　古時上告下之文。此指申明約束的軍令。

❷三令五申　反覆告戒；反覆訓諭。

❸即敵　就敵；向敵人進攻。

一七

鐘鼓之聲，怒而擊之則武，憂而擊之則悲，喜而擊之則樂。其意變，其聲亦變。意誠，感之達於金石❶，而況於人乎？

【說明】

本則佚文，見於《北堂書鈔・卷一〇八》。

【注釋】

❶意誠二句　是說情意誠摯，能感動金石。金石，指鐘、磬之類的樂器。

古籍今注新譯叢書書目

中國人的第一次——
絕無僅有的知識豐收、視覺享受
集兩岸學者智慧菁華
推陳出新　字字珠璣　案頭最佳讀物

【哲學類】

書名	注譯	校閱
新譯尹文子	徐忠良	黃俊郎
新譯淮南子	熊禮匯	侯迺慧
新譯潛夫論	彭丙成	

書名	注譯	校閱
新譯鄧析子	徐忠良	
新譯韓非子	賴炎元 傅武光	
新譯尸子讀本	水渭松	

書名	注譯	校閱
新譯四書讀本	謝冰瑩	
	邱燮友	
	李　鍌	
	劉正浩	
	賴炎元	
	陳滿銘	
新譯申鑒讀本	林家驪	周鳳五
	周明初	
新譯老子讀本	余培林	
新譯列子讀本	莊萬壽	
新譯孝經讀本	賴炎元	
	黃俊郎	
新譯易經讀本	郭建勳	黃俊郎
新譯荀子讀本	王忠林	
新譯莊子讀本	黃錦鋐	
新譯新書讀本	饒東原	黃沛榮

書名	注譯	校閱
新譯新語讀本	王　毅	黃俊郎
新譯管子讀本	湯孝純	李振興
新譯墨子讀本	李生龍	李振興
新譯論衡讀本	蔡鎮楚	周鳳五
新譯禮記讀本	姜義華	黃俊郎
新譯孔子家語	羊春秋	周鳳五
新譯公孫龍子	丁成泉	黃志民
新譯老子解義	吳　怡	
新譯呂氏春秋	朱永嘉	黃志民
	蕭　木	
新譯晏子春秋	陶梅生	
新譯明夷待訪錄	李廣柏	李振興

【文學類】

書名	注譯	校閱
新譯千家詩	邱燮友	
	劉正浩	
新譯搜神記	黃　鈞	陳滿銘
新譯薑齋集	平慧善	
新譯昭明文選	崔富章	劉正浩
	朱宏達	陳滿銘
	周啟成	沈秋雄
	張金泉	黃俊郎
	水渭松	黃志民
	伍方南	周鳳五
		高桂惠
新譯漢賦讀本	簡宗梧	
新譯楚辭讀本	傅錫壬	
新譯人間詞話	馬自毅	高桂惠

書名	注譯	校閱
新譯世說新語	邱燮友	
	劉正浩	
	陳滿銘	
	許錟輝	
	黃俊郎	
新譯古文觀止	謝冰瑩	
	邱燮友	
	林明波	
	左松超	
	應裕康	
	黃俊郎	
	傅武光	
新譯江文通集	羅立乾	
新譯阮步兵集	林家驪	
新譯春秋繁露	姜昆武	
新譯曹子建集	曹海東	

書名	注譯	校閱
新譯陶淵明集	溫洪隆	
新譯陶庵夢憶	李廣柏	
新譯揚子雲集	葉幼明	
新譯嵇中散集	崔富章	
新譯賈長沙集	林家驪	陳滿銘
新譯橫渠文存	張金泉	
新譯顧亭林集	劉九洲	
新譯元曲三百首	賴橋本 林玫儀	
新譯宋詞三百首	汪　中	
新譯唐詩三百首	邱燮友	
新譯諸葛丞相集	盧烈紅	
新譯駱賓王文集	黃清泉	
新譯昌黎先生文集	周啟成 周維德	
新譯范文正公文集	王興華 沈松勤	

【歷史類】

書名	注譯	校閱
新譯列女傳	黃清泉	陳滿銘
新譯越絕書	劉建國	
新譯燕丹子	曹海東	李振興
新譯戰國策	溫洪隆	陳滿銘
新譯尚書讀本	吳　璵	
新譯國語讀本	易中天	侯迺慧
新譯新序讀本	葉幼明	黃沛榮
新譯說苑讀本	左松超	
新譯說苑讀本	羅少卿	周鳳五
新譯西京雜記	曹海東	李振興
新譯吳越春秋	黃仁生	李振興
新譯東萊博議	李振興 簡宗梧	

【軍事類】

書名	注譯	校閱
新譯司馬法	王雲路	
新譯尉繚子	張金泉	
新譯三略讀本	傅　傑	
新譯六韜讀本	鄔錫非	
新譯吳子讀本	王雲路	
新譯孫子讀本	吳仁傑	
新譯李衛公問對	鄔錫非	

【政事類】

書名	注譯	校閱
新譯商君書	貝遠辰	陳滿銘
新譯鹽鐵論	盧烈紅	黃志民
新譯貞觀政要	許道勳	陳滿銘

【地志類】

書名	注譯	校閱
新譯洛陽伽藍記	劉九洲	侯迺慧

【道教類】

書名	注釋	校閱
新譯列仙傳	姜　生	
新譯抱朴子	李中華	黃志民
新譯老子想爾注	顧寶田	
新譯周易參同契	劉國樑	
新譯黃帝陰符經	劉連朋	
新譯道門功課經	王　卡	
新譯養性延命錄	曾召南	
新譯冲虛至德真經	張松輝	

【教育類】

書名	注釋	校閱
新譯三字經	黃沛榮	
新譯幼學瓊林	馬自毅	陳滿銘
新譯顏氏家訓	李振興 黃沛榮 賴明德	

譯孝經讀本／賴炎元 黃俊郎 注譯
譯呂氏春秋／朱永嘉 蕭　木 注譯／黃志民校閱
譯李衛公問對／鄔錫非注譯
譯尚書讀本／吳　璵注譯
譯抱朴子／李中華注譯／黃志民校閱
譯易經讀本／郭建勳注譯／黃俊郎校閱
譯明夷待訪錄／李廣柏注譯／李振興校閱
譯東萊博議／李振興 簡宗梧 注譯
譯昌黎先生文集／周啓成 周維德 注譯
譯范文正公文集／王興華　沈松勤注譯
譯昭明文選／崔富章　朱宏達　周啓成　張金泉　水渭松　伍方南 注譯／陳滿銘　沈秋雄　黃俊郎　黃志民　周鳳五　高桂惠 校閱
譯春秋繁露／姜昆武注譯
譯貞觀政要／許道勳注譯／陳滿銘校閱
譯洛陽伽藍記／劉九洲注譯／侯迺慧校閱
譯晏子春秋／陶梅生注譯
譯唐詩三百首／邱燮友注譯
譯孫子讀本／吳仁傑注譯
譯商君書／貝遠辰注譯
譯尉繚子／張金泉注譯
曹子建集／曹海東注譯
士衡集／王雲路注譯
淵明集／溫洪隆注譯
子／熊禮滙注譯／侯迺慧校閱
讀本／易中天注譯／侯迺慧校閱

◎新譯荀子讀本／王忠林注譯
◎新譯越絕書／劉建國注譯
◎新譯揚子雲集／葉幼明注譯
◎新譯嵇中散集／崔富章注譯
◎新譯賈長沙集／林家驪注譯
◎新譯搜神記／黃　鈞注譯／陳滿銘校閱
◎新譯莊子讀本／黃錦鋐注譯
◎新譯楚辭讀本／傅錫壬注譯
◎新譯新語讀本／王　毅注譯／黃俊郎校閱
◎新譯新序讀本／葉幼明注譯／黃沛榮校閱
◎新譯新書讀本／饒東原注譯
◎新譯說苑讀本／羅少卿注譯／周鳳五校閱
◎新譯說苑讀本／左松超注譯
◎新譯管子讀本／湯孝純注譯／李振興校閱
◎新譯墨子讀本／李生龍注譯／李振興校閱
◎新譯橫渠文存／張金泉注譯
◎新譯漢賦讀本／簡宗梧注譯
◎新譯鄧析子／徐忠良注譯
◎新譯諸葛丞相集／盧烈紅注譯
◎新譯論衡讀本／蔡鎮楚注譯／周鳳五校閱
◎新譯潛夫論／彭丙成注譯
◎新譯燕丹子／曹海東注譯／李振興校閱
◎新譯駱賓王文集／黃清泉注譯
◎新譯戰國策／溫洪隆注譯／陳滿銘校閱
◎新譯韓非子／賴炎元　傅武光注譯
◎新譯禮記讀本／姜義華注譯
◎新譯薑齋集／平慧善注譯
◎新譯顧亭林集／劉九洲注譯
◎新譯鹽鐵論／盧烈紅注譯／黃志民校閱
◎新譯顏氏家訓／李振興 黃沛榮 賴明德 注譯

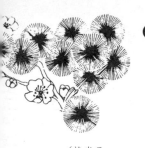